都市老年社区服务设计研究

周砚钢　著

江苏凤凰美术出版社
全国百佳图书出版单位

图书在版编目(CIP)数据

都市老年社区服务设计研究 / 周砚钢著. —南京: 江苏凤凰美术出版社, 2022.2
ISBN 978-7-5580-9758-4

Ⅰ. ①都… Ⅱ. ①周… Ⅲ. ①老年人—社区服务—设计—研究—中国 Ⅳ. ①D669.6

中国版本图书馆CIP数据核字(2021)第274931号

责任编辑 王左佐
责任校对 许逸灵
封面设计 焦莽莽
责任监印 唐 虎

书　　名 都市老年社区服务设计研究
著　　者 周砚钢
出版发行 江苏凤凰美术出版社(南京市湖南路1号 邮编: 210009)
印　　刷 盐城志坤印刷有限公司
开　　本 889mm×1240mm 1/32
印　　张 6.5
字　　数 145千字
版　　次 2022年2月第1版 2022年2月第1次印刷
标准书号 ISBN 978-7-5580-9758-4
定　　价 58.00元

营销部电话 025-68155675 营销部地址 南京市湖南路1号

序

20世纪80年代，中国独生子女政策的实施加速了中国老龄化的进程。快速老龄化阶段的子女为了生活和工作已无暇顾及自己的父母。空巢已成为中国城市老人的常态，并在中国经济不断催生下扩张式发展。大量退休老人被迫搬迁而失去旧友和老邻居。缺少子女陪伴，失去旧友和老邻居的空巢老人的情感交流严重不足已成为事实。社区作为我国政府自上而下的最小行政单位，不仅肩负着维护社会稳定与百姓安居乐业的重任，也是老人退休后日常生活和活动的重要场所。社区如何为空巢老人提供可以满足情感交流的服务，和提供什么样的情感交流服务满足空巢老人情感需要，是当下中国政府和社区急需解决的重要问题。对此，本研究以都市60~70岁之间的空巢老人为对象。

首先，从影响城市低龄空巢老年人情感需要中的亲情关系、友情关系、邻里关系和社区活动参与四个维度入手，找寻影响城市低龄空巢老人情感需求和现有社区及其服务不足等因素。

其次，从概念、理论中寻找老人情感需求和社区提供服务之间的关系，确定社区可以通过相关服务和活动能够弥补老人因缺少亲情、友情、邻里情、社区关怀不足的情感需要。

再次，运用服务设计方法和原则，结合当下中国都市社区服务实际情况，提出中国城市社区可以依据自身所处地理、气候、文化、风俗习惯等外界因素，通过社区举办相应的活动是可以帮助老人排解孤独并能够满足老人的情感需求。并以当下最能代表中国都市社区发展现状的武汉市进行深入调研和剖析，获得都市社区为空巢老人提供其情感需要的主要服务机会点。

最后，本研究以武汉市DFD社区花卉栽培为例，进一步印证城市社区通过相应的社区服务项目和活动，可以拉近老人与邻里情感交流，可以促进社区邻里互助，可以帮助老人弥补亲情、友情缺失和不足。

笔者在写作过程中参考了相关文献资料，感到大有裨益，在此对相关学者表示由衷的敬佩和感谢。对于给予笔者帮助的亲朋好友，在此一并致以诚挚的感谢。笔者虽力求完美，但由于水平、精力有限，书中难免存在纰漏与不足，恳请广大专家、读者海涵，并不吝赐教。

目　录

第一章　绪　论

第一节　研究的背景与目的

一、研究背景

我国老龄工作委员会办公室公布的《我国人口老龄化发展趋势预测研究报告》显示，自2000年我国进入老龄化阶段以来，老年人口数量平均每年以大于3%的速度不断增加。目前我国老龄化呈现出“老龄化速度快、进程短、低龄老年人口数量激增”的特点。2010年我国65岁及以上的老年人口占总人口比重达8.9%；2011年我国老年人口比重达9.1%；2012年我国老年人口比重达9.4%。截至2014年底，我国80岁以上的老年人达2400多万，失能、半失能老年人近4000万人。国家统计局数据显示：截止到2017年末我国大陆总人口为13.9亿人，[1]其中60岁以上的人口为2.409亿人，占总人口的17.3%，65周岁及以上人口为1.5831亿人，占总人口的11.4%。从中可以得出，目前我国60~64岁的老年人口为0.8259亿，占60岁以上老年人口的34.3%。国家统计局2020年2月28日发布《中华人民共

[1] 国家统计局：中华人民共和国2017年国民经济和社会发展统计公报，2018-02-28，http：//www. stats. gov. cn/tjsj/zxfb/201802/t20180228_1585631. html.

和国2019年国民经济和社会发展统计公报》显示，截至2019年底，60岁及以上人口已达2.5388亿人，占总人口的18.1%。其中，65岁及以上人口达1.7603亿人，占总人口的12.6%。[1]我国老龄工作委员会办公室预计到2025年我国60岁以上老年人口将达到3亿人，每5人中就有1位老年人，到2050年60岁以上老年人口总量将增至4.8亿人，占总人口的34.1%，每3~4人中就有1位老年人[2]。我国老龄科学研究中心调查显示，目前我国都市70%的老年家庭是空巢家庭，且有60%的老年人没有子女相伴。

由于我国20世纪50~60年代人口爆发增长期的人群已经逐渐进入老龄化阶段，和1980年推行我国政府全面实施生育限制政策，造成目前我国大部分家庭都是一对夫妇照顾2个家庭4个老年人的4-2-1家庭结构。这种家庭结构的变化不仅无形之中给子女带来了巨大的生活压力，也是引起家庭矛盾的主要原因之一。都市家庭的代际矛盾往往体现在老年人空巢，或子女远离父母居住，或去其他都市工作，这也是低龄空巢老年人数量增加的另外一个主要原因。父母为了消除子女们的压力和避免家庭矛盾的产生，选择空巢的老年人与日俱增。空巢后的老年人往往缺少子女的陪伴、沟通和照顾，长期缺少情感交流和关怀的老年人容易产生自卑、孤独、失落、恐惧、抑郁等心理和精神问题。

[1] 中华人民共和国2019年国民经济和社会发展统计公报. 国家统计局. 2020-02-28.

[2] 全国老龄工作委员会(2015/02/25). 外媒：低龄空巢老年人过亿，我国陷入"未富先老"困境[EB/OL]. http：//www. cncaprc. gov. cn/contents/34/73702. html(2014/7/26).

随着都市经济的日益发展和人们生活水平的提高,都市原有的居住环境及其民用设施已不能满足都市发展的需求,一场新都市"圈地运动"正在不断改变都市及其周边人们的生活方式。一些被大面积圈地后得到经济补偿的人群,一大部分在中心城区选择购房,另一部分则在当地等待搬迁至新建的社区。特别是近10~20年间,我国都市在扩大化的同时,也在不断地拆掉原有中心城区的老旧社区,一些没有足够经济实力的被拆除家庭,被迫离开自己熟悉的环境,搬迁到郊外或远城地区居住,一些有经济实力的家庭虽然购买了中心城区的房子,但邻里之间彼此陌生不来往。失去熟悉环境和老邻居、老朋友的都市退休老年人,不能快速适应邻里之间淡漠且不相往来的新邻里关系。缺少与邻居、朋友倾吐心声、分享日常乐和交流的低龄空巢老年人,其内心更容易产生孤立、无助、自卑等不良情绪。

退休后的都市老年人不仅是都市人口的重要组成部分,也是社会发展和稳定的重要因素。特别对于刚刚退休的老年人来说,他们不仅要面对生活角色和生活方式的转变,还要接受工资收入和朋友数量的骤减以及社交外出活动的减少,这些变化不仅容易使老年人内心产生极大的孤独和失落,也使长时间缺少交流又不能尽快融入新生活的老年人,逐渐丧失自我尊重和自我价值实现的需要,进而逐渐变得孤独的老年人开始出现抑郁、焦虑、自卑、烦恼等消极情绪,甚至产生偏离常态的行为,给老年人的日常生活造成巨大影响[1],同时

[1] 陈勃. 人口老龄化背景下都市老年人的社会适应问题研究[J]. 社会科学, 2008(6): 93.

也严重影响到老年人子女为社会作贡献的热情。哈维格斯特认为，退休老年人要适应体力与健康衰退、收入减少、配偶死亡、物质生活满足降低等变化，更需要与同龄人建立快活而亲密的关系[1]。研究发现，良好的社会适应会提升老年人身心健康与寿命[2]。

综上所述，当下我国都市低龄空巢老年人缺少子女陪伴和照料，新邻里之间关系淡漠、来往少已经成为一种事实，加之退休后老年人收入减少、朋友减少、社交频率降低，自身价值无法实现等因素，导致都市低龄空巢老年人情感需要严重缺失。作为我国政府和社会有责任和义务来帮助都市低龄空巢老年人快速适应社会和家庭新角色，有效解决低龄空巢老年人情感交流不足和精神慰藉等现实问题。

社区作为链接我国政府和社区居民的最小行政单位，不仅是都市老年人晚年生活和活动的主要场所，也是老年人晚年扩大社交范围的核心媒介和情感寄托的地方。我国的社区不仅要为都市低龄空巢老年人提供可以安度晚年生活的舒适环境，还要在我国政府的指引和倡导下最大限度地为都市低龄空巢老年人情感需求提供帮助。社区为老年人提供服务活动或项目是帮助老年人扩大社交范围、提高社交频率和激发老年人兴趣的核心载体。目前，随着我国社会保障和社会福利政策的不断完善，都市低龄空巢老年人的物质生活基本得到满足，但是都市低龄空巢老年人缺少子女陪伴，缺少朋友交流，缺少邻里关怀和社区、社会关心不足已成为不争的事实。对此仅

[1] 时蓉华. 社会心理学[M]. 上海：上海人民出版社，1986：8.
[2] 陈勃. 人口老龄化背景下都市老年人的社会适应问题研究[J]. 社会科学，2008(6)：93.

靠老年人自身是难以改变当下老年人情感需求不足的，此时作为连接老年人与社会之间重要桥梁的社区，有责任也有义务从老年人切身利益和需求出发，为老年人提供更加优化且可持续发展的社区活动项目来满足老年人的情感需求。然而，因我国社区建设起步较晚，在很多方面与发达国家相比都较为落后。

首先，目前我国社区服务处于建设的初级阶段，资金来源渠道、资金规模没有形成制度化，其资金主要来源于政府财政补贴、服务收费和社会捐赠等。然而来源于政府的补贴每年都要经过重复申报后才有可能获得，来源于社会捐助和服务收费也常常由于各种原因存在各种不确定因素。因此我国都市很多社区为老年人提供的日常服务很难维持，都市社区无力向低龄空巢老年人提供或扩充老年人需求的且可持续发展的社区活动或服务项目，这也严重制约了社区及其服务的发展。

其次，目前我国都市社区缺少稳定且专业化的社区服务队伍。社区为老年人提供的服务是一项实践起来相对困难和复杂的工作。它不仅要求服务队伍当中的每一位工作人员自身要具备很好的专业素养、专业知识以及丰富的实践经验，也要求工作人员能够有足够的耐心去了解老年人的情感需要和生活需求等各项基本的服务知识，还要求从事此项工作的人员必须有一定的责任感，即职业道德。所以，从事社区服务的工作者不仅要成为一个照料者，还要学做一个倾听者，在倾听中解决老年人心理或情感上的不畅通。然而因为当下我国都市社区建设中缺少对社区员工的在岗编制、缺少工资待遇的保障和激励等措施，造成很多有经验的员工大量流失，以及社区招聘员工困难等。这不仅影响了社区为老年人服务的质量，而且也制约了我国社区为老年人服务事业的发展。

第三，目前我国都市社区为老年人提供的活动内容单一，很难满足老年人多样化的情感需求。我国都市社区的服务项目或活动大都停留于表面，不能从老年人内心需求出发，且活动内容单调乏味，很难触及老年人的心灵。目前在我国都市大部分社区内很难找到老年大学，或很少见到有针对老年人兴趣爱好的培训班。正处于社区建设发展初级阶段的我国都市社区服务及活动，基本都偏重对社区内高龄、低龄空巢老年人日常家政服务，缺少对老年人精神情感等方面的服务。另外，我国大多数都市社区对低龄空巢老年人提供服务的活动很少，已有的活动大部分也都是针对女性低龄老年人的广场舞表演，针对男性的活动基本没有。

综上可以看出，当下我国都市社区低龄空巢老年人在缺少家人陪伴，在缺少来自朋友的问候和交流，在缺少和邻里之间的来往，在缺少来自社区和社会的关怀和帮助等情况下，老年人内心极容易产生孤独和失落感，特别是长时间缺少交流和关心又不能尽快融入新生活的都市低龄空巢老年人，将逐渐丧失自我尊重和自我价值实现的需要，进而逐渐出现抑郁、焦虑、自卑、烦恼等消极情绪，甚至产生自残、自杀等偏离常态的行为，这不仅给老年人的日常生活造成巨大影响，也给子女的生活和工作带来巨大的影响，长此以往必将影响我国社会的稳定和经济的发展。对此，作为都市退休后低龄空巢老年人与社会直接接触的社区，有责任也有义务为老年人提供必备的休闲环境及其娱乐设施，为老年人提供彼此可以信赖和相互可以交流的活动或服务项目等，从老年人实际需求出发，扩大老年人与外界沟通的渠道和机会，满足老年人的情感需求。对此，本研究以我国武汉市55~75岁的低龄健康的空巢老年人(本研究以下所提及的老年人均为这部分老年人),和他们退休后赖以生存的社区为研究对象,从中找寻一种既可以满足老年人情感需要,又可以促进社区长期持续稳定发展的新型服务设计机会和模式,来满足都市低龄空巢老年人的情感需要。

二、研究目的

本研究从影响都市低龄空巢老年人情感需求的亲情、友情、邻里关系和社区关怀等维度入手,根据当下我国都市社区低龄空巢老年人情感需求和老年人的兴趣爱好,结合当下我国都市社区服务的实际情况,以及国家对社区未来发展的方针策略及支持等,设计一套以社区为主导,以老年人快乐交流和共同分享为核心,实现老年人自身价值和可持续发展为目标的社区服务体系。通过激发邻里互助关系等,帮助老年人结识知心朋友,促进邻里关系,扩大交流对象,增加社交机会,提高交流频度,改善交流的环境等。在满足老年人情感需求的同时,弥补老年人因缺少子女陪伴和照顾的不足,弥补老年人缺少旧友和旧邻居交流谈心的不足等;在满足老年人情感需求的同时,增进社区内邻里情、朋友情和社区情;在满足情感需求的同时,提升老年人自我尊重和自我价值的实现。

第二节 研究综述

中国正经历着世界上规模最大、速度最快的老龄化过程,与此相应的养老服务需求也将逐步释放出来。中国的都市首先成为新社区革新的试点单位,越来越多的都市老年人了解并享用了社区照顾服务。在以老年人需要为导向的目标下，社区照顾服务项目的设定、实施及服务态度等方面都尤为重要。随着中国家庭结构小型化、都市扩大化、低龄空巢老年人数量增加的形成，家庭养老功能虽然开始弱化，但是人们对社会养老功能的强化，对养老服务形式多样化，以及对老年人情感需求等方面都提出了更高的要求。中外学术界对都市低龄空巢老年人的情感需求和社区照顾服务等研究也日渐增多。

一、关于都市低龄空巢老年人情感需求的研究

关于老年人情感需要方面的论文，针对不同的老年人群体设计不同的养老产品，因为其独特的群体特征性缺少对低龄空巢老年人的设计，其中很多对于空巢老年人的设计主要集中在利用物联网和互联网等功能进行的设计，国内的设计师还在养老的方式上提出了很多新的理念，同时也借助很多先进的技术来给设计提供技术理论的支持。

情感需求的满足对于老年人的身心健康具有十分重要的影响，Morgan J. N.（1998）对美国纽约100多名退休老年人的追踪调查发现，老年人的寿命、幸福感和儿女的体贴关爱程度呈现正相关关系，老年人获得子女关爱，幸福指数高，寿命相对较长。罗伯特·帕克（Robert Parker）认为，即便是外出工作或学习或者另外组建家庭的子女能够给予农村空巢的父母经济上更大的支持，但是他们不能照顾父母，不能在感情上满足父母。里克·诺特（Rick Knott）指出很多父母都会因为子女成年离家或者出去上学而感到失落，他们在子女离开自己身边之后可能面临着生活方式的改变，情感上也会感到不适。查尔斯·韦伯（Charles Webb）也指出低龄空巢老年人在相对比较完善的社会保障系统下基本生活可以得到保障，但是亲情的缺失是难以弥补的，严重的话可能会影响到老年人的心理健康。

老年人对精神慰藉的渴求已经超过了对日常生活照顾的需求，老年人在物质方面、生活照顾方面得到满足后，对情感需求方面会产生更多的诉求[1]。调查表明，目前都市低龄空巢老年人对情感需要的欲望远远高于物质需要，如何提高老年人精神、情感需要满足度，促进都市低龄空巢老年人精神赡养，国内学界对其展开相应研究和实践。王铁栋（2009）通过总结分析老年人情感需求特点，提出为老年人设计产品时要结合老年人自身的特征，来解决现有产品设计中存在的缺陷。刘雪丹（2013）对老年人情感缺失的表现，情感缺失对社会、对家庭、对个人的影响以及他们所获得的社会支持的现状，和如何解决这类问题的政策等进行了研究。刘建新，陈娜（2014）通过问卷调查和访谈法，得出社会支持，文化程度，婚姻状况，是否与子女同住，是否进行体育锻炼，自身收入是否满意度等因素，对老年人心理健康和情感满足等具有不同程度的影响。王斐（2015）提出“情感寄存箱”的服务模式，为提供老年人服务的工作者给予新的视角和抚养老年人方面的借鉴。张敬文（2016）在调研的过程中发现情感关怀在老年人生活中起着十分重要的作用，并以都市低龄空巢老年人为研究对象，运用服务设计的研究方法，探讨了社区通过运用第三方设计公司提供的移动应用APP技术，帮助都市低龄空巢老年人解决情感关怀方案。王状、李惠茹、杜丹（2017）为进一步改善低龄空巢老年人生活状况，从老年人情感方面入手，开展了《老年人情感状

[1] 胡宏伟，李玉娇，张亚蓉. 2011. 健康状况、社会保障与居家养老精神慰藉需求关系的实证研究［J］. 西华大学学报：哲学社会科学版，30（4）：91–98.

态调查》，他们认为老年人不仅是社会的弱势群体，也需要他人的照顾。但是当下中国社会生存压力加大，子女对父母的照料、交谈正在逐渐减少，父母的孤独感也在日益加剧，单纯依靠子女来照料老年人的生活已无法实现。因此，寻求精神慰藉是都市低龄空巢老年人生活的一个重要方面，老年人对都市社区情感照顾服务的需求也较为强烈，所以不仅应加快都市社区情感照料服务的发展，还要关注低龄空巢老年人的精神文化生活的建设和满足。

二、关于老年人情感支持的研究

（一）关于老年人社会支持的研究

随着人口老龄化问题的日益突显，诸多学者从不同的视角，对老年人社会支持相关议题开展了较为深层次的研究，主要包括老年人社会支持体系的建构，老年人社会支持现状与网络构成，社会支持与老年人生活质量、心理健康的关系研究等。

老年人社会支持体系建构方面，分析探讨了中国老年人口正式和非正式社会支持体系的构成、分类标准及测量指标（徐勤，1995）、养老的社会支持主体系统（李松柏，2002；行红芳，2006）等。李松柏（2002）指出我国养老的社会支持主体系统应包括国家和政府、社区、社会组织和社会团体三大层次，家庭和个人是养老事业的具体支持者、对象和受益者。完善老年弱势群体社会支持体系可以通过社会政策的完善、社区保障的强化、非盈利组织的介入、家庭支持的发展等方法（高灵芝，2003）。

老年人社会支持的现状与社会支持网的构成方面，研究也有很多。珂莱尔·婉格尔（1992）将老年人社会支持网划分为家庭依赖型、社区整合型、自我涵括型、社区依赖型和自我局限型五种类型[1]。在此基础上，刘精明（1998）通过抽样的定量调查对北京和利物浦老年人社会支持网的类型进行了对比。陈成文（1998、1999）研究发现农村老年人和城市特困老年人所获得的社会支持总体都较低。刘爱玉等（2000）针对老年人的家庭支持进行了研究，指出大多数老年人在经济、日常生活方面有较高的独立性，所需的支持主要来源于家庭[2]。张友琴（2001）也认为城市和农村老年人社会支持的基础和主体是家庭。赵芳、许芸（2003）通过对城市低龄空巢老年人社会支持的研究，发现家庭成员仍然是低龄空巢老年人最主要的照顾提供者，但其作用不断在减弱。贺寨平（2006）研究了农村老年人的社会支持网，发现社会支持来源与社会支持类型之间的联系：情感支持和实际支持主要由亲属提供，社交支持主要来源于朋友，邻居提供较少的实际支持和社交支持，同事提供很少的情感支持和社交支持[3]。韦璞（2010）指出儿子在农村老年人养老支持上占最重要的地位，而在情感支持上，邻居和朋友的作用最明显。

社会支持对于老年人的功效，学术界进行了较多的研究，主要集中体现在老年人生活质量、心理健康等方面的量化研究。张友琴（2001）对厦门城乡老年人口的社会支持进行了对比研究指出，老年人社会支持网络的多元化可以提高其生活满意度。李新建（2002）

---

[1] 珂莱尔·婉格尔. 北京老年人社会支持网调查——兼与英国利物浦老年社会支持网对比［J］. 社会学研究，1998，2：56-57.

[2] 刘爱玉，杨善华. 社会变迁过程中的老年人家庭支持研究［J］. 北京大学学报，2000，37（3）：60-61.

[3] 贺寨平. 农村老年人社会支持网：何种人提供何种支持［J］. 河海大学学报（哲学社会科学版），2006，8（3）：10.

通过定量研究发现，社会支持对我国老年人口生活质量的不同维度都会产生积极影响，并且不同来源的社会支持对老年人生活质量产生的影响程度也不尽相同。陈立新、姚远（2005）通过社会支持量表对武汉市的研究发现，社会支持对老年人心理健康表现出主效应和缓冲作用，可以改善老年人的心理健康情况。贺寨平（2006）考察了社会支持的数量和质量与农村老年人生活满意度和身体状况之间的关系，发现老年人身心状况受其社会支持网络化影响最为显著，但其网络规模对生活满意度的影响微乎其微[1]。

（二）关于老年人社会支持影响因素的研究

孙彦峰、丛梅（1993）指出，退休后，天津老年人的社会支持网出现规模缩小、紧密度变低、结构变化等变化，同时老年人的文化程度、家庭结构、健康状况也会在一定程度上对社会支持网规模产生影响。刘精明（1998）认为，老年人的社会支持网受其家庭构成、职业地位、教育程度、社区定居时间、房屋居住时间等因素影响，但是年龄、性别、婚姻状况、健康、定居年龄、宗教的影响较小。刘爱玉等（2000）指出，老年人获得的家庭支持受到年龄、健康、子女数量、向他人提供支持的状况的影响较为明显，但经济社会地位无明显的影响。这个研究结果与刘精明的研究结果有些出入。王大华等（2005）发现，城市老年人所获社会支持受其受教育年限影响，且可获的子女社会支持与其子女个数息息相关，受教育年限是研究中唯一与情感支持相关的因素。张文娟等（2005）认为代际支持与生活满意度间的关系

[1] 贺寨平．农村老年人社会支持网：何种人提供何种支持[J]．河海大学学报（哲学社会科学版），2006，8（3）：63.

受老年人的需求、性格偏好、居住空间距离影响较大。贺寨平（2006）对农村老年人的研究发现，社会地位、关系强度和间接交往和老年人的社会支持成正比，而直接接近程度与之成反比。陈传锋（2008）认为，在情感支持方面，家庭居住的老年人显著高于机构居住的老年人。韦璞（2010）指出，影响贫困农村地区老年人社会支持网络规模最关键的是经济因素。

对上述研究综合分析后，可归纳出：老年人的社会支持与年龄、文化程度、健康状况、就业情况、职业地位、家庭结构、子女数量、社区定居时间、养老方式等有一定的关系。

（三）关于老年人情感支持研究

学术界中单纯研究老年人情感支持问题的很罕见，涉及情感支持的经验研究，基本上都是学者用以分析社会支持的角度之一。

国外学者范德普尔（Vander Pole，1993）对情感支持网进行了研究，用以下几个问题对情感支持网进行了测量："假如您与配偶有严重矛盾而又不可能与他讨论，您会同谁谈这些问题？假如您心情压抑想同人谈谈，您会找谁谈这些问题？假如您需要对生活中的重大变化进行咨询（如调换工作、迁移到另一个地区），如果这种变化在您生活中曾经发生过，您征求过谁的意见？"

纵观国内对老年人情感支持议题的研究，主要的研究者有齐铱和贺寨平等。齐铱（1998）主要运用了技术，对老年人社会支持和情感支持进行了探索。分别对老年人与支持来源（包括家人、亲戚、朋友及邻居等）接触的人数和频率，可谈谈心事的人数以及老年人与上述来源的关系等方面情况进行了详细的研究。齐铱用来测量情感支持的具体问题是："有多少家人（配偶）和亲戚你觉得很亲近，即感情很好，你能与他们说自己的心事或求助？当您有重要的事情要决定的时候，您是否与别人商量？当你需要和人谈谈你的问题或你的心事时，你觉得以下人士愿不愿意听你讲？”[1]

调查研究发现，配偶这个角色最愿意听老年人谈问题和心事，是最主要的支持来源，其次是女儿和儿子，再次是女婿、媳妇和孙子，其他的支持来源则处于一种比较次要的地位。大体上可以说，在老年人所得到的这方面社会支持中，家庭成员所给予的支持高于非家庭成员，配偶高于子女，女儿高于儿子，子女高于孙子女[2]。“家人和亲戚照顾得越好的老年人，老年人越少可能向外寻求社会支持，因而从朋友或邻居那里获得社会支持的可能性就越小。反之，如可谈心事或求助的家人亲戚人数越少，老年人就要向外寻求支持，因而从其他人那里获得的社会支持也就越多。”[3]

贺寨平（2004）的研究中，将老年人的情感支持网界定为可以为老年人提供情感支持的人共同构成的社会关系网络。研究者运用著名的提名法（Name Generator）对情感支持网进行了测量，具体问题包括：“（1）当您在生活中遇到一件对您来说很重要的事情，需要您做出决定，您会找谁商量？（2）当您与配偶或子女发生严重矛盾，而又无法与其讨论解决，您会找谁来谈这些问题？（3）当您心情不好，想

[1] 齐铱. 中国内地和香港地区老年人生活状况和生活质量研究[M]. 北京：北京大学出版社，1998：113.

[2] 齐铱. 中国内地和香港地区老年人生活状况和生活质量研究[M]. 北京：北京大学出版社，1998：94.

[3] 齐铱. 中国内地和香港地区老年人生活状况和生活质量研究[M]. 北京：北京大学出版社，1998：115.

找人谈谈，您会找谁来谈呢？”[1]

情感支持网的测量指标包括：网络规模与关系构成、网络趋同性与异质性、近密度和关系强度、交往频度和空间接近。研究结果表明，在山西老年人情感支持网中，亲属占了绝大部分，表现出以亲属为主的网络构成特征。然而，在亲属群体中，最重要的是子女，其次是配偶，再次是兄弟姐妹及其他亲属。邻居、朋友和“其他非亲属”等非亲属角色在情感支持网中的比例较小。党员在情感支持网中占有一定比例[2]。同时，情感支持有自己的特殊性，一方面，情感支持对提供者的教育程度要求较高，同时党员比一般群众更受欢迎；另一方面，情感支持要求提供者与调查对象具有良好的个人关系，只有这样才能得到老年人的信任，得到良好的效果。社区服务的一个重要的方面就是提供情感支持，该研究建议最好由教育程度较高，具有较高的个人权威（如党员）的人来承担情感支持。同时，研究认为只有和被服务者建立密切的关系，才能为老年人和其他弱势群体所接受，才能更有效地提供情感和精神上的帮助[3]。

针对研究发现的问题，学者们也提出了一些解决方法。随着人口老龄化的发展，老年人的精神需求成为新的问题。政策、机构等支持以及为老年人搭建精神生活的平台，可以成为老年人精神赡养

[1] 贺寨平. 社会网络与生存状态——农村老年人社会支持网研究[M]. 北京：中国社会科学出版社，2004：9.

[2] 贺寨平. 社会网络与生存状态——农村老年人社会支持网研究[M]. 北京：中国社会科学出版社，2004：80.

[3] 贺寨平. 社会网络与生存状态——农村老年人社会支持网研究[M]. 北京：中国社会科学出版社，2004：82.

方面的社会支持组成部分(刘同昌,2008)。刘珂等从老年人与子女联系方式及频率、老年人的社会生活参与度、老年人孤独的感觉角度探讨了农村低龄空巢老年人的情感支持状况[1]。在此基础上,认为个体自我调适、在外子女对老年人进行情感补偿以及推进养老方式从家庭到社区的转变是完善老年人情感支持网络的有效途径。

(四)关于都市低龄空巢老年人社区照顾服务的研究

随着中国老龄化程度的加剧,都市首先成为社区照顾的试点单位,越来越多的都市老年人了解并享用了社区照顾服务。在老年人需要为导向的目标下,社区居家养老服务项目的设定尤为重要。对于老年人而言,其社区居家养老服务的需要又会受到诸多因素的影响。所以近年来,出现了很多关于都市老年人对社区居家养老服务的需要及其影响因素的研究。

低龄空巢老年人都愿意在自己家里居住,那里有他们熟悉的邻居和朋友,有他们习惯的生活方式和环境,他们觉得在自己家里更加方便和舒适。尽管一些低龄空巢老年人会因身体健康状况的下降,自我照顾困难,也想得到社会养老服务和帮助,但是受到经济能力不足,或担心社会养老机构服务质量等因素影响自己的情绪,所以大多数老年人还是愿意选择住在自己家里,他们内心也更希望得到自己所住社区提供的支持和帮助。所以(Liu J. E. et al., 2015)社区居家养老对低龄空巢老年人来讲是一个更好的选择,能帮助他们实现就

[1] 刘珂,张辉. 农村空巢家庭老年人的情感支持的概念、现状及对策[J]. 法制与社会,2009,(35):289-290.

地养老的愿望。[1]

(Pickard Letal, 2000)家庭构成能显示出老年人能得到的非正式照顾的多少，特别是在个人护理方面的帮助，90%的老年人得到的个人护理来自配偶及家庭其他成员，仅4%的老年人得到的个人护理帮助来自非家庭成员（家庭外的其他亲属、朋友或邻居），这表明低龄空巢老年人在很大程度上更难得到个人护理方面的非正式帮助，而与家人住在一起的老年人更容易得到这些帮助。[2] Liu L J等(2014)研究了低龄空巢老年人对居家护理的需要，与非低龄空巢老年人相比，低龄空巢老年人的慢性病更多，所以更加关注自己的健康问题，同时，由于低龄空巢老年人的狂会支持少，他们也更担心无人照料以及无人协助他们就医，这些原因使得低龄空巢老年人对居家护理服务有更高的需要。[3] Gao L等(2013)研究了低龄空巢老年人对社区健康服务的需要及其影响因素，与非低龄空巢老年人比，低龄空巢老年人的身心健康状况更差，他们对社区健康服务的需要为：常规健康检查69.2%，上门医疗服务59.1%，健康指导60.9%，家庭病床26.8%，康复保健服务19.0%，其他需要5.8%。而且，不同年龄的低龄空巢老年人对社区健康服务的需要有差别，80岁及以上低龄空

[1] Liu J E, Tian J Y, Yue P, et al. 2015. Living experience and care needs of Chinese empty-nest elderly people in urban communities in Beijing, China: A qualitative study [J]. international Journal of Nursing Sciences, 2 (1): 15-22.

[2] Pickard L, Wittenberg R, et al. 2000. Relying on informal care in the new century? Informal care for elderly people in England to 2031 [J]. Ageing & Society, 20 (6): 745-772.

[3] 刘丽娟，付玉芳，曲林等. 中国老年低龄空巢老年人的家庭卫生保健需求与支付意愿[J]. 国际老年医学杂志. 2014，8 (1): 31-36.

巢老年人对上门医疗服务的需要最高，这与高龄老年人慢性病多且没有子女在身边有关；70~79岁及60~69岁低龄空巢老年人对康复保健服务和健康指导的需要最多，这些低龄老年人往往文化程度更高，收入相对稳定，经济压力小，而且有很强的健康意识[1]，自我照顾能力也更强一些。所以意识到低龄空巢老年人对社区健康服务需要的同时，也应考虑不同年龄低龄空巢老年人的多样化需要。Aoun S. M.等（2013）站在服务提供者的角色，研究了患有严重疾病的低龄空巢老年人对临终关怀服务的需要。在澳大利亚，低龄空巢老年人的数量及比例不断上升，他们却较少能得到非正式照顾者的照料支持，所以在满足无照料者的低龄空巢老年人的需要上，社区的临终关怀服务面临着很大的挑战，服务提供者认为低龄空巢老年人需要这些服务：24小时的照料、临时看护、护理包、个人警报系统、家政服务、对非正式及正式照料者进行培训[2]。

养老问题的有效解决关键在于低龄空巢老年人的养老。穆光宗（2016）认为，低龄空巢老年人不仅是老年人和老年人家庭的问题，更是全社会必须面对的人道主义问题[3]。针对低龄空巢老年人的养老服务需要问题，相关学者也展开了一定的研究。

无论在都市还是农村，相对于非低龄空巢老年人，低龄空巢老年

---

[1] 高磊，曹学章．低龄空巢老年人社区健康教育研究[J]．工程，2013，5(10)：137－139.

[2] Aoun S M，Wall D，Kristjanson L J，et al. Palliative care needs of terminally ill people living alone a service provider perspective [J]. Collegian Journal of the Royal College of Nursing Australia，2013，20(3)：179–185.

[3] 穆光宗．人口生态重建[M]．北京：中国科学技术出版社，2016：126–128.

人往往面临更多的养老危机。与都市非低龄空巢老年人相比，低龄空巢老年人的生活质量整体更低[1]。都市低龄空巢老年人除了在生活自理方面比非低龄空巢老年人更强外，在健康自评、心理健康、生活满意度三个方面均处于“劣势”[2]。都市低龄空巢老年人不仅面临经济问题和日常生活照料问题，而且具有更多的心理健康问题，有着更强的孤独感，其心理健康水平显著低于非低龄空巢老年人[3]。

由于年龄的增高、社会交往及家庭代际关系的巨大变化，（赵芳等，2003；江海霞等，2010）低龄空巢老年人会表现出与其他人群不同的需求，是老年人中有独特需求的群体[4]。田奇恒等（2012）对重庆城镇低龄空巢老年人的社区居家养老服务需求进行了调查，结果显示，在生活服务方面，低龄空巢老年人对家政服务的需求最高，其次对患病时陪同照顾及外出购物、缴费的需求也较高；在健康保障需求方面，低龄空巢老年人对定期常规检查的需求最高，保健服务需求位居第二，家庭出诊、护理需求位居第三；在情感保障需求方面，低龄空巢老年人对参与老年活动中心活动的需求最高[5]。

严妮（2015）通过慢性病和两周患病率情况，证明了都市低龄空

[1] 封婷，陈茗．厦门市城区低龄空巢老年人生活质量综合评析［J］．南方人口，2008，23（2）：37–43.

[2] 李安彬．空巢家庭老年人的心理问题与社会支持［J］．海南师范大学学报：社会科学版，2007（6）：160–163.

[3] 王培培．邯郸市低龄空巢老年人心理现状及对策［J］．中国老年学，2016（1）：178–180.

[4] 赵芳，许芸．城市低龄空巢老年人生活状况和社会支持体系分析［J］．南京师大学报：社会科学版，2003（3）：61–67.

[5] 田奇恒，孟传慧．城镇低龄空巢老年人社区居家养老服务需求探析——以重庆市某新区为例［J］．人口与社会，2012（1）：30–33.

巢老年人对医疗服务的需求量大，尤其在医疗护理方面，所以应建立都市社区医养结合机构，满足低龄空巢老年人的养老需求[1]。陈建兰（2009）对苏州市都市低龄空巢老年人生活状况的调查发现，寻求精神慰藉是都市低龄空巢老年人生活的一个重要方面，且对社区照顾服务的需求较为强烈，所以应加快社区照料服务的发展，并关注低龄空巢老年人的精神文化生活。

通过对中外低龄空巢老年人情感需要和社区照顾服务等文献的梳理，可以看出：第一，关于都市社区照顾服务需要的研究，主要集中在都市高龄老年人，而第三年龄老年人服务方面涉及的很少。其原因是中国社区照顾服务的兴起比国外发达国家晚，其服务理念、服务需要等方面都需要不断完善。第二，关于都市社区照顾服务内容方面，主要集中在对老年人的生活、医疗、照顾等基本需要方面，对都市低龄老年人服务方面仅停留在定期举办固定形式的演出、读书等单调乏味的活动，其原因是政府对社区资金投入不足，缺少高素质的社区服务人员，缺乏可持续发展且符合老年人需要的服务项目。第三，关于社区为低龄空巢老年人情感需要的服务方面，大部分研究都停留在理论方面，在实践方面大多数都停留在为老年人提供心理咨询、陪老年人聊天等方面，随着数字化、智能化的发展，近几年的研究也出现了智能陪伴、智能监护和网络社交平台等社区服务，但目前因价格问题、社区和家庭投入不足等问题，以及老年人使用智能新技术不畅通等问题，都限制了这些研究的实施，并且在这些研究中，也很少

[1] 严妮. 城镇化进程中低龄空巢老年人养老模式的选择：城市社区医养结合[J]. 华中农业大学学报：社会科学版，2015（4）：22–28.

提起具体解决上述问题的办法，所以目前这方面研究仅停留在调试和试验阶段，还需进一步普及和推广。第四，不论在理论方面还是在实践方面，现代社区为老年人情感需要服务，都缺少既能让老年人主动参与社区活动，又可以实现自我价值，且可以持续发展的社区服务项目和完整的服务体系。第五，目前中外研究大都注重对老年人的生理健康、生活照顾、精神慰藉、医疗康复、临终关怀等方面的研究，而缺少为都市低龄空巢老年人情感需要的社区服务系统设计的理论性研究，相关的实践性研究和实施更为稀少，而将理论与实践相结合、线上与线下相结合的研究都处于空白。

综上所述，本研究将借鉴相关文献的方法及理念，结合调研获得的第一手数据，对中国都市低龄空巢老年人情感需要的社区照顾服务系统进行研究，同时结合中国都市自身地理位置、特色和经济发展需要等方面的实际条件，以及都市低龄空巢老年人自己的兴趣和特长，为中国都市社区快速发展，提供一套理论与实践相结合、线上与线下相结合的、快乐交流、分享与自我价值实现相促进的服务系统，满足更多都市低龄老年人的情感需要，并以此推进中国都市社区服务的健康发展。

第三节　研究的内容与方法

一、研究的对象

伴随我国人口数量的变化，老年人这一特殊人群的精神生活亟需引起社会关注，他们是社会发展中不可或缺的重要力量，他们对传统文化的继承发扬、对事物的认识以及他们丰富的生活经验和阅历,在晚年依然能够为社会发展做出自己的贡献。早在第五届全球老龄问题大会上,专家们便提出第三年龄段(65—85岁)也被称为“低龄老年人”是整个老龄人群中的活跃一族,他们在生活上可以自理,有独立的社交能力,能参加社会活动、文化娱乐活动及体育活动。[1]研究发现,老年人情感如能得到满足和充实,情绪如能得以释放,他们就会更积极而主动地去追求身体健康,追求更高境界的精神满足,从而使其生活变得更富有生气和价值。但因退休、子女关怀少、邻里交流不足等原因,往往老年人多元化的需要常常被家人、社会所忽视,老年人情绪、情感、心理健康等状况都会受到相应影响。

根据我国当下社会和老年人实际情况,本研究的主要研究对象是指55岁到70岁之间的都市空巢老低龄老年人。从老年人日常生活喜好、所处地域环境、生活习惯、社区关怀、当地社会和政府支持等方面入手,对其展开相应调查研究,找到影响老年人情感需要的突破口,运用服务设计的方法和思维对其进行研究,并提出较为合理和完善的研究方案。

二、研究的主要内容与方法

(一)研究的主要内容

本研究通过社区这一具有组织性、引导性的特点,联合社会力量,从社区内低龄空巢老年人的实际需求、兴趣爱好和社区为老年人提供相应服务入手,并对其展开实地调研,从中找到能够支撑本研究

[1] 吴婕. 城市低龄老年人的需要、社会支持和心理健康关系研究[D]. 南开大学学位论文,2010.

的第一手资料和信息。通过了解和研究国外社区为老年人提供的服务经验，和对我国政府对老年人提供的相关政策、法规和保障等的梳理，力求找寻能够支撑本研究的定性研究的机会点，再以能够代表都市社区的DFD社区为例，通过进一步调研和对其结果相关分析整理，得出定量研究的机会点，进而在定性和定量双重机会点——花卉栽培支持下，确定为DFD社区低龄空巢老年人设计一套既可以满足自身情感需要，又可以实现自我价值的最佳服务设计方案，帮助因退休、缺少社交、缺少子女陪伴等因素影响的都市低龄空巢老年人从失落、焦虑、孤独、抑郁等负面情绪中解放出来，通过社区给予低龄空巢老年人提供系统的且可持续发展的活动激发低龄空巢老年人正面情感，拉近老年人与邻里之间的关系，从而在弥补老年人情感缺失的同时使之获得更丰富的情感体验。

本研究运用了多种交叉性思维对相关概念进行探讨，对研究的主要对象进行实地调研和现状分析，对所研究的目标用户（空巢低龄老年人和社区）进行深入调查，运用服务设计双钻石模型方法和相关工具，尝试为都市社区解决空巢老人因缺少陪伴、交流而产生孤独感的方法，并能在解决问题之中构建相应的模型，以备更多都市社区支持空巢老年情感所需受用。

第一，本研究以城市老年人因受人口政策、城市发展和老年人退休等外界因素影响，迫使老年人与外界沟通渠道变窄、交流机会不足等为切入点，运用老年人发展心理学、社会学、设计学、管理学等相关理论，分析城市低龄空巢老年人的情感需求，引出社区作为中国政府的最小的行政单位有权利也有义务，为城市低龄空巢老年人提供情感需求的帮助，并详细论述了社区可以帮助老年人获得一定量情感需求的方向和途径。

第二，通过实地调研来发掘社区低龄空巢老年人的情感需求与社区为老年人提供服务的现状，从服务的提供方、参与方、服务的模式和优缺点、服务活动等多个方面，从对低龄空巢老年群体和个案的观察访谈和问卷等记录结果整理中，总结出城市社区低龄空巢老年人的现状与社区服务之间的设计机会点，即：社区与低龄空巢老年人沟通和互助的需求，低龄空巢老年人与邻里的互动，促进与老年人情感交流与分享的机会点。而目前中国社区所提供的人际交往平台难以满足老年人交往需求的机会，社区通过给老年人提供与老年人兴趣爱好和实际需求下的共同参与、共同创造和共同分享成果的体验式交流方式是可以成为新的设计机会点的。

第三，本研究总结出在指导城市低龄空巢老年人情感需求的社区服务活动时，从系统设计的角度去思考，在设计中运用系统的设计思维方式进行思考和设计，通过对接触点的分析构建需求，学会从全局到细节的考虑方式。运用以人际互动为导向的方法来丰富情感属性，在设计中力求搭建人际互动协助、相互沟通的平台，通过线下面对面的人际互动，和线上成果和体会分享等，加强老年人与子女、旧友和邻里之间的交流频率，进而来丰富老年人情感所需。

第四，在具体设计实践中对前期寻找的机会点进行验证，以具体社区自身特点和特色与该社区低龄空巢老年人自身爱好和所需为依据，结合社区周边实际情况来展现完整的设计过程，并对初步提案设想进行整理和提炼，再加以细化，从而衍生出完整的社区服务设计方案。

值得注意的是，“低龄空巢老年人”这个提法只是对老年人家庭关系的客观描述，并不是说所有低龄空巢老年人都有心理问题，只是低龄空巢老年人比一般老年人在心理上更容易产生不良反应。低龄空巢老年人和一般老年人是共性和个性问题，一般老年人的共性低龄空巢老年人也适用，而低龄空巢老年人所表现出的特点在一般老年人身上也能看到细微的影子。从这个角度上讲本课题是选取了低龄空巢老年人这一具有代表性的群体，其研究结果与设计方案也同样适用于其他老年人，这与本课题的主题并不矛盾。

（二）研究的主要方法

服务设计作为一个新兴的热门交叉学科，包含设计学的内容，更重要的是需要整合多学科知识进行综合性研究：(1) 从心理学角度来说，服务设计必须探析用户心理，分析用户行为，让这个服务设计的过程都符合用户的使用习惯。(2) 从人机交互角度来说，在服务设计中经常会涉及线上与线下的结合，这个时候要更多地考虑到人机交互的友好、效率等问题。(3) 从设计学的角度来说，关于服务设计的论文无论中外都呈现不断升温的趋势，服务设计在各个方面都逐渐展开研究，但是在服务设计的领域中，却缺少关于都市空巢老人情感需要社区服务导入服务设计理念的研究，这一研究有助于扩宽服务设计的研究领域。

本研究的具体流程主要依据英国设计协会的双钻模型（Design Council's Double Diamond）中的理解阶段、发现阶段（Discover）、定义阶段（Define）、开发阶段（Develop）、传达阶段（Deliver），如图1所示。在具体设计中将遵循 Marc Stickdorn and Jakob schneider在著作《THIS IS SERVICE DESIGN THINKING》中总结的以人为中心、共同创造、按顺序进行、可证实性、整体性设计五大服务设计原则，如图1

所示，填补服务设计对都市低龄空巢老人情感需求社区服务研究这一领域的空白。

本研究主要从以下几方面对其展开研究：

第一，在理解阶段：本研究通过阅读相关图书馆资料、网上新闻报道、个人博客、Facebook，WeChat留言、讨论等，对“低龄空巢老人”“情感需求”“社区照顾”“情感分享”“共同参与”“社区服务”“服务设计”“可持续发展”等关键信息进行罗列和筛选，查找中外有关老年人情感需求与情感支持、情感照顾等信息。从而确定本研究的关键词。

第二，在发现阶段：从关键词中寻找彼此之间的相互关系，之后再对相关文献和资料进行第二次精细阅读与分析，确定“为我国都市低龄空巢老人情感需求的社区进行服务设计研究”。然后对服务设计工具中的每个环节、利益相关者、接触点等进行深入研究，寻找最合适的服务设计方法，根据本研究要研究的课题，将查找的内容进

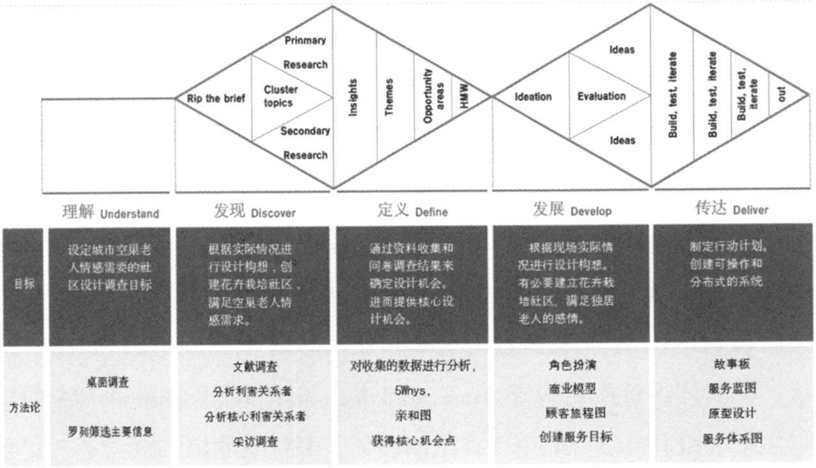

图1：服务设计方法

行分析、整理、归纳、总结，做好对后续研究的理论依据。

第三，在定义阶段：通过分析中外社区为老人提供可以满足情感需要的社区活动，能够给予本研究提供更丰富的灵感和设计思路。为确保本研究的设计策略具有客观性、普遍性和容易推广，本研究从2016年开始，分别对武汉市、重庆市、长沙市、南昌市、合肥市、南京市、郑州市等6个省会都市和1个直辖市的中心城区4536个社区，进行了广泛的走访、问卷、录音等调研。在整理数据过程中，发现这7个都市空巢老人的情感需求和社区服务等方面具有极其相似性。所以本研究以武汉市空巢老人和武汉市中心城区的社区为研究对象。结合武汉市政府相关政策和相关调研数据，获得能够帮助都市低龄空巢老人情感需求的设计机会。

第四，在发展阶段：为进一步印证本研究设计机会的准确性和客观性，本研究结合武汉市武昌区DFD社区自身特点，和社区内空巢老人的兴趣爱好，以及DFD社区周边人文和环境的发展需要，再次对DFD社区空巢老人问卷和访谈的结果进行整理，运用“机会权衡矩阵”法，选出最适合本社区发展和本社区空巢老人情感需要的花卉栽培，作为本社区为空巢老人服务的设计机会点。

第五，在传达阶段：本研究对DFD社区的经营者、参与者等多方相关人员进行利益相关者分析，再根据主要利益相关者和他们在社区内的活动、交流、互动等不同接触点绘制顾客行程图和服务蓝图等，进而获得最容易让空巢老人产生兴趣和获得情感满足的重点信息，为社区设计和改善提供有力的依据。

三、研究的范围

第一，本研究从分析我国都市社区内空巢老人实际生活状态，和正处于发展初级阶段的都市社区及服务入手，找寻影响都市低龄空巢老人情感需求和现有社区及其服务的不足等因素。

第二，本研究从概念、理论中寻找老人情感需求和社区提供服务之间的关系，进而确定社区可以通过相关服务和活动弥补老人因缺少家庭爱、友情、邻里情、社区关怀不足等情感需要。

第三，本研究从国内外社区帮助老人促进情感需要的实践事例出发，进一步印证都市社区可以依据自身所处地理、气候、文化、风俗习惯等外界因素，通过社区举办相应的活动是可以帮助老人排解孤独并能够满足老人的情感需求。

第四，本研究挑选当下最能代表我国都市社区发展现状的武汉市进行深入调研和剖析，获得都市社区为空巢老人提供其情感需要的主要服务机会点。

第五，本研究以武汉市武昌区DFD社区花卉栽培为例，进一步印证都市社区是可以通过相应社区服务项目或活动，能够促进邻里互助、邻里情感相互交流等，最终可以弥补老人家庭爱、友情的缺失和不足的。

最后，对整篇文章观点进行简洁的总结和归纳，得出研究结论，反思研究的不足，阐述研究发现。

第二章　相关概念与理论

第一节　都市低龄空巢老年人

一、积极老龄化

1. 老年人

随着老年学及老年问题研究的不断深入，关于老年人概念的界定依然没有统一的界定，但不同的文化圈对于老年人却有着不同的定义。通常我们将人的年龄分为实际年龄、生理年龄和心理年龄。实际年龄指个体从出生逐年增长的年龄；生理年龄指个体身体状况所体现出来的年龄状况；心理年龄通常是通常根据个体心理成熟度来确定的年龄[1]。世界卫生组织2000年提出将个体从出生逐年增长的实际年龄为60岁及以上的群体划分为老年人。发达国家通常以65岁为界限，发展中国家则通常以60岁为界限。我国《老年人权益保障法》第2条规定老年人的年龄起点标准是60周岁，即凡年满60周岁的中华人民共和国公民都属于老年人。随着社会老龄化的日益加重，我国的老年人越来越多，所占人口比例也越来越高。本研究所

[1] 姚虹．农村社区居家养老服务需要的区域及群体差异研究——以恩施市为例［D］．武汉大学博士学位论文．

指的老年人是指年满60岁及上的人。

2.老年人的特征

老年人的特征是指老年人所表现出来的一种特殊的状态，主要表现在生理、心理、行为等方面。要对老年人及其活动进行较全面且合理的研究，就需深入了解老年人特殊的生理和心理特征，行为特点及老年人的生活习惯等。

（1）老年人生理特征

衰老是老年人生理变化的主要体现，主要表现为身高开始萎缩，白发、皱纹明显增加，牙齿开始松动和脱落，听力逐渐降低等，这些衰老是一个循序渐进的过程而非突然发生，它们缘于组织细胞形成时就慢慢开始了，包括生长、发育也是衰老的起始阶段[1]。随着年龄的增长，老年人的衰老不仅体现在外形、皮肤等方面，老年人的机体各组织结构和器官功能开始逐渐衰退，包括视力、听力、记忆力下降，嗅觉、味觉、反应能力变得迟钝，动作协调性开始降低等。在对老年人的感觉和知觉特征研究发现，60岁以上的老年人，各感知觉系统的结构和功能均发生老年退化性变化，在视觉和听觉方面尤显突出，严重影响了老年人对外界信息的接收。随着老年人年龄的增长，其内脏功能开始衰退，骨骼逐渐发生退化，肌肉开始出现萎缩，韧带弹性减弱，导致老年人不能承受大幅度剧烈运动，影响到老年人的日常出行和生活质量。另外，人到老年脑细胞开始减少，脑组织开始萎缩，神经传导速度变慢，从而造成大多数老年人动作迟缓，

[1] 李清亚，侯云峰，王广俊. 老年人健康方案[M]. 石家庄：河北科学技术出版社，2005，10：4.

状态不稳，运动和反应能力变差，同时老年人的注意力和记忆力出现明显衰退。

（2）老年人心理特征

与工作时期相比，都市退休后的老年人活动范围明显缩小，其活动中心主要在家庭和社区周边，其社会交往对象主要以家人、邻居、旧友和社区工作人员为主，加之生理变化的影响，其心理需要也相应发生变化。

老年人的心理特征表现在心理安全感下降、适应能力减弱，出现失落感、自卑感、孤独感和空虚感等。由于受到生理条件的限制，老年人的感觉逐渐变得迟钝或丧失，其短期记忆能力衰退和思维能力也在退化，他们不仅对新生事物的接受能力变得比较低，也对学习和理解新事物的时间明显增长，使老年人对社会、生活环境及其周围世界的适应能力、沟通能力逐渐减弱，老年人很容易在心理上产生自卑情绪和孤独感，长期的孤独寂寞也进一步促进衰退老化。其次，老年人有着特殊的情感态度，退休后的都市老年人因其生活社交圈子变得越来越窄小，他们对于社会事务的参与度也越来越低，因此在精神上会感到孤独和空虚，与时代渐渐有了脱节感。老年人由于生理机能的退化，社会角色的转变，家人沟通的缺乏，城市邻里关系的改变，这些因素都使得老年人很容易产生孤独感，并且容易经常感到自己被忽视，希望得到家庭、社会的关怀和认同。

（3）老年人行为特征

老年人的日常行为特征一般都与老年人的身体状况、生活环境、文化背景、爱好兴趣和经济条件诸多因素有关系，在很大程度上也受其生理和心理条件所影响。对于大多数都市退休的老年人来说，他们的日常活动半径在3~5公里以内，其主要活动场所相对较为固定，大多集中在住宅周边的自家院落、住宅单元楼下的空地、宅间绿地、组团绿地，小区周围的公园、商场、社区老年活动站及老年人之家等。

在这一范围内老年人交往的对象主要是家庭成员、邻居和社区工作人员，因此容易产生安全感、信赖感。社会交往是指人们对他人采取社会行动和对方做出反应性社会行动的过程，是发生于个人与个人、个人与群体、群体与群体之间的相互的社会行动的过程[1]，他包括交往主题、交往对象和交往方式三个要素。对于退休后老年人来说，社会交往不仅是老年人的主要行为，也是老年人一种排解和释放内心情感的最好方式。由于老年人的日常活动和休闲基本都处于一种较为固定的模式状态，其活动场所、活动时间等也相对固定，其交往对象多以邻里和老朋友为主。对于老年人来讲，他们喜爱从事的活动一般都具有较强的共性，例如散步、下棋、打牌、聊天、购物和晒太阳等。另外，老年人会在长期的生活中不断地总结经验，一旦确定做某事或喜欢某一物时，他们往往就会将其慢慢转变成一种固定的行为习惯。因此，本研究通过以社区为主导，利用老年人这些行为特征，协同社会力量、自愿者、政府等，共同为社区空巢健康的低龄老年人创设某一适合老年人从事的户内外长期活动项目，在促进老年人交往沟通情感的同时，达到锻炼身体和精神愉悦的目的。

二、积极老龄化理论

（一）人口老龄化

人口老龄化（aging of population），是人口年龄结构变化的过程，

[1] 王思斌．社会学教程[M]．北京：北京大学出版社，2005：47.

是指老年人口在全部人口中的比重愈来愈高，老年人口规模大、增长快并且日趋高龄化，同时劳动年龄人口、青少年人口相对减少[1]。人口老龄化不仅是人类社会发展的历史必然，也是一个相对动态发展的概念。老年人人口比重是目前衡量人口老龄化水平时常用的指标，国际上将一个国家或地区的老年人人口比重达到10%就认定为该国或该地区进入老龄化社会，早在2000年末我国60岁及以上老年人口比重已达到 10.2%，这就意味着我国已进入老龄化时代，人口老龄化已成为制约我国社会和经济发展的重要问题。

（二）积极老龄化

积极老龄化这一概念最早在1997年西方七国丹佛会议上首次提出。1999年欧盟召开了以“积极老龄化”为主题的国际会议，学者们首先从理论上探讨了积极老龄化问题及其解决的现实可能性。2002年1月世界卫生组织健康发展中心正式出版了《积极老龄化：从论证到行动》一书，同年4月，联合国召开第二届世界老龄大会接纳了世界卫生组织提交的“积极老龄化”建议书，正式提出了“积极老龄化”的理念：“提高老年人的生活质量，创造健康、参与、保障的最佳机遇”[2]。会后，世界卫生组织正式公布了一份报告：《积极老龄化：政策框架》。从此，积极老龄化理论日益成为应对21世纪人口老龄化问题的新的理论、政策和发展战略[3]。

---

[1] 邬沧萍，谢楠. 关于中国人口老龄化的理论思考［J］. 北京社会科学，2011（1）：4.

[2] 孙碧竹. 我国社会养老服务体系发展研究［D］. 吉林大学学位论文，2019（12）：27.

[3] 宋全成，崔瑞宁. 人口高速老龄化的理论应对［J］. 山东社会科学，2013（4）：37.

积极老龄化的目的就是“为了提高人到老年时候的生活质量，是健康、参与和保障的机会尽可能发挥最大效应的过程”。“它允许人们在一生中能够发挥自己在物质、社会和精神方面的潜力，按照自己的需要、愿望和能力参与社会活动并能获得充分的保护、安全和照料。”“‘积极’强调的是继续参与社会、经济、文化和公共事务”。“积极老龄化的目的在于使所有进入老年的人，包括那些虚弱、残疾和需要照料的人，都能提高健康的预期寿命和生活质量。”[1]

积极老龄化是应对人口老龄化的新思维，是健康老龄化在理论上的完善和必要条件。它把健康、保障和参与看成三位一体，强调老年人社会参与的必要性、重要性[2]。积极老龄化能充实老年人“六个老有”和强化我国老年人最缺的“归属感”，提高老年人生活质量，发挥老年人的潜能，增加社会人力资本，为社会造就一批为老年人服务的志愿者队伍，是应对老龄化所不可或缺的[3]。

（三）积极老龄化理论

积极老龄化理论是在人口老龄化的全球背景下产生的一种具有进步意义的政策理论。1990 年哥本哈根会议上，世界卫生组织提出了健康老龄化的目标，其含义是将老年人个体健康、群体健康、家庭健康、经济健康和社会环境健康作为一个系统问题加以看待，以促进

[1] 世界卫生组织．积极老年化政策框架［M］．北京：华龄出版社，2003.

[2] 世界卫生组织著，中国老龄协会译．积极老龄化理论框架［M］．北京：华龄出版社，2003.

[3] 邬沧萍，谢楠．关于中国人口老龄化的理论思考［J］．北京社会科学，2011（1）：7.

并保持老年人生理、心理、社会的健康状态为初衷，化解老龄化对社会的消极影响。此后在健康老龄化概念的基础上，逐步演进为积极老龄化理论。

相较于传统的“消极老龄化”，积极老龄化理论的进步意义在于将老年人视为一种丰富的潜在资源，主张将老年人的社会参与作为和健康老龄化、有保障的老龄化同等重要的内容，强调老年人与其他年龄群体一样拥有“参与和推动社会发展”的权利。

我国著名人口学者邬沧萍（2018）对积极老龄化的科学内涵进行了诠释：他指出“积极老龄化的三支柱‘健康、参与、保障’表明人口老龄化问题实质上是社会问题；‘积极’一词不单指老年人积极地获得健康，也包括能持续参与社会、经济和文化生活，此外还应体现为政府、学者和社会大众都为人口老龄化问题有所作为；‘积极老龄化’不仅包含‘老有所为’，还包含其他五个方面，即‘老有所养、老有所医、老有所学、老有所教、老有所乐’；‘积极老龄化’中的‘健康’是一个动态的、生命过程的概念，不仅指身体健康，还包括心理和精神各方面都要保持积极健康的状态。”[1]

积极老龄化理论涵盖了成功老龄化、健康老龄化、生产老龄化等概念，在健康和参与的基础上增加了保障维度，着眼于个人，体现出一种个人主义本位。它强调“个体应不断参与社会、经济、文化、精神和公民事务，强调尽可能地保持老年人个体的自主性和独立性，强调从生命全程的角度关注个体的健康状况，使个体进入老年期后还

[1] 邬沧萍，彭青云．重新诠释“积极老龄化”的科学内涵［J］．中国社会工作，2018（17）：28–29.

能尽量长时间地保持健康和生活自理”。[1]其直接目标就是老年人的健康、有保障和参与，也就是老年人生活、生命质量的提高。积极老龄化理论还对国家和政府的责任进行了界定，为各项老龄政策法规的制定提供了明确的方针，已成为各国政府和组织应对人口老龄化挑战的首要政策理论。

积极老龄化理论充分尊重老年人的权利、意愿、需求和能力，强调政府、社区和家庭共同向老年人提供全面的保障。通过对积极老龄化理论的介绍，让人们正确认识人口老龄化和老年人，改变他们的传统观念，树立正确的观念，以形成积极、和谐的社会局面，对于完善社会养老服务体系具有深刻的社会意义。

（四）积极应对老龄化理论

2006年中共中央在统筹解决中国人口问题的决定中提出积极应对人口老龄化的决策，这是积极老龄化的理论升华，由应对个体老龄化上升为应对群体老龄化，着眼于宏观层次[2]。该理论强调老年人个人、家庭、社区、企业、社会组织、政府等各个主体的共同参与，体现的是一种集体主义本位思想，积极应对人口老龄化的直接目标是社会持续发展、社会和谐，使老年人生活和生命质量提高。健康老龄化、积极老龄化、积极应对人口老龄化不仅离不开国家财政的投入、社会保障、社会化养老服务体系的建设、老年人活动的基础设施和人才培养等宏观层面的各项社会政策、机制和制度，也离不开中青年、老年人个体的积极参与。积极应对人口老龄化的核心在于调

[1] 邬沧萍，谢楠．关于中国人口老龄化的理论思考［J］．北京社会科学，2011（1）：7.

[2] 邬沧萍，王萍．积极应对老龄化［J］．求是．2009（6）：56.

动国家、政府、社会组织、企业、社区、志愿者、老年人及其家庭等全社会的积极性，共同应对人口老龄化，才能有效和持之以恒地把各项应对举措建立在科学认识的基础上，健全各项机制，力求方法、措施到位。

三、都市低龄空巢老年人

（一）空巢家庭

关于空巢家庭，不同的学者所认同的定义也不尽相同。1947年美国学者P.C.格里克基于人口学角度提出的家庭生命周期理论，他描述了家庭的形成、扩展、稳定、收缩、空巢与解体六个阶段。到了空巢阶段，家庭代际关系发生了重要变化，父母和子女在居住上开始分离[1]。从家庭生命周期理论来说，空巢期一般被看作是家庭生命周期发展的最后一个阶段。空巢家庭仅指子女离开家庭独立生活后，由老年人夫妻二人组成的家庭。

1990年第四期《中国人口科学》刊登的《中国城乡家庭生命周期的初步分析》一文按照世界卫生组织（WHO）分段法，将中国的家庭生命周期划分为六个阶段。即：形成阶段、扩展阶段、扩展完成稳定阶段、收缩阶段、空巢阶段以及解体阶段。空巢期的时间长度占据整个家庭生命周期的三分之一。我国学者从1995年开始就关注空巢家庭，并对其有以下三种不同的理解。一种主要局限于老年空巢家庭，认为年轻一代长大成人，离开父母求学或工作，家里只剩下年迈的父母而形成的空巢家庭。它是人类生命周期或家庭生命周期中可能出现或不一定出现的一个阶段。传统社会中可能没有这个阶

[1] 穆光宗．家庭空巢化过程中的养老问题[J]．南方人口，17（1）：33–36.

段，但是在现代社会中越来越普遍，甚至有人认为是很难避免的过程。在此，空巢家庭即指老年空巢家庭，包括老年独居户和老年夫妇户[1]。第二种认为空巢家庭不仅包括老年空巢家庭，而且包括中年空巢家庭。谭琳认为新空巢家庭还应包括城市中由于独生子女外出求学、就业并在外地成家而形成的中年空巢家庭[2]。在这一基础上，风笑天认为新空巢家庭不应该仅仅指中年独生子女父母，还应该包括同龄非独生子女父母[3]。第三种认为将空巢老年家庭分成相对空巢与绝对空巢。相对空巢是指子女虽与父母分开居住，但空间距离相对较近的家庭，绝对空巢是指子女与父母分开居住且空间距离也相对较远的家庭[4]。相对空巢的居住模式是现在两代人都比较崇尚的代际关系和生活方式。

（二）低龄空巢老年人

生活在空巢家庭失去子女照顾和陪伴的老年人即为低龄空巢老年人。根据不同的分类标准，低龄空巢老年人分为单身低龄空巢老年人和配偶低龄空巢老年人；根据子女与父母居住的远近，分为相对低龄空巢老年人（和子女在同一城市，但不同住）和绝对低龄空巢老年人（子女在国外或国内的另一城市）；根据老年人的空巢意愿，分

[1] 邬沧萍．长寿时代的空巢家庭企盼亲情住宅［J］．住宅科技，2004（2）：44–45.

[2] 谭琳．新“空巢”家庭——一个值得关注的社会人口现象［J］．人口研究，2008（4）：36.

[3] 风笑天．独生子女父母的空巢期：何时开始？会有多长？［J］．社会科学，2009（1）：60.

[4] 石燕．城市独生子女空巢家庭的阶段划分与特征［J］．南京人口管理干部学院学报，2008（1）：25.

为主动低龄空巢老年人（即老年人自愿选择不和子女共同居住）和被动低龄空巢老年人（由于某些原因不能与子女共同居住的老年人）。国内大多数学者认为，老年空巢家庭一般是指无子女或与子女分开居住的老年人家庭，分为三种情况：第一种是无儿、无女、无老伴的孤寡老年人；第二种是有子女，但是与其分开居住的老年人；第三种是儿女远在外地，迫不得已独守空巢的老年人。低龄空巢老年人就是老年空巢家庭中的老年人，现在国内外统计低龄空巢老年人主要是指以上三种情况家庭中的老年人[1]。

本研究主要帮助社区建立一套比较完整的服务系统，帮助社区内低龄老年人扩大与邻里和社会之间的交流与沟通，排解老年人因情感需求不足而带来的消极情绪。因此本研究中的低龄空巢老年人特指居住在都市，生理年龄在60~70岁之间健康、认知能力较好的，并且身边没有子女、亲属照顾的老年人，或由于子女外出求学、就业、出国等原因不能与老年人长期居住在一起生活的老年人，或丧偶独居的孤寡老年人，或一直未婚的老年人。目前这部分老年人不仅是我国第一代执行计划生育政策的执行者，也是导致当下我国低龄老年人口迅速增加的群体，这部分刚刚进入老龄化阶段的低龄空巢老年人在身体状况、认知功能和社会参与能力等方面都相对健康，社区可以利用他们的这些优势，为他们提供相应的服务和活动，促进老年人与邻里和社区之间的交往机会和频度。

[1] 邬沧萍. 老年社会学（第二版）[M]. 北京：中国人民大学出版社，1999：10.

第二节　都市低龄空巢老年人情感需要

一、需要与需要理论

（一）需求与需要

按现代汉语词典定义，"需要"（need）有两种解释：（1）应该有或必须有；（2）对事物的欲望或要求。需要不同需求或要求。"需求"（demand）是指由需要而产生的要求；要求有两个定义即：（1）提出具体愿望或条件，希望得到满足或实现；（2）所提出的具体愿望或条件。

在汉语语言的日常语境中需要和需求并没有严格区分，往往被视为可以相互替代的概念。但在心理学、社会学、管理学和福利经济学的研究中，需要一直都是研究的重点内容。从心理学角度来看，需要是指在一定生活条件下，个体对生理、环境和社会的客观需求在人脑中的反映，往往表现为个体在生活中感到某种欠缺而力求获得满足的一种内心状态。人的认知活动、情绪情感活动以及意志活动都受需要的影响与制约，因此需要是人的心理活动和行为积极性的源泉。人的需要随着社会的发展、个体的成长而不断地变化、发展，原有的需要得到满足后，又会产生新的需要，而新的需要又驱使人去行动，因而需要使得人的活动永远表现出积极的性质。另外需要的形成应具备两个条件，一是某种事物的稀缺程度，是人们产生追求和满足行为的动机；二是由于稀缺产生寻求满足的欲望。这两点共同构成了需要的内涵和外延。因此管理学研究者通过激励来满足员工的需要，从而提高员工的工作绩效。

而需求则是一个经济学概念，是指在具体的时间、条件、环境的约束下需要的特定体现，不仅关注“要”，还强调与“要”相关的各方面，即需要是需求的基础，需求是需要的具体体现。[1]需求作为一个经济学概念，是指在既定的价格水平下，消费者愿意而且能够购买的某种商品或服务的数量。[2]可见，需要主要强调的是个体的主观偏好及利益诉求，而需求则主要强调的是个体采取行动后，得到满足的需要。经济学家主要关注的是需求，而需要作为一个社会福利概念亦得到越来越多的关注，对于社会政策而言，识别真正的需要而不是考虑支付能力是公共服务的特点。[3]Conner R. F.（1985）指出，在公共政策的制定过程中，对需要的评估很重要，需要代表了服务对象的利益诉求及偏好，也是服务对象消费服务的动机。[4]

在养老服务的国外研究文献中，大多使用需要（need）的概念，而我国关于养老服务的研究文献中，通常使用的是需求（demand），但文章中实际涉及的却是服务对象对养老模式或服务项目的主观意愿或偏好，而主观意愿或偏好是需要的概念，所以并没有严格区分需要和需求，往往将二者等同使用。只有少数学者注意到了区分需要及需求，如田北海等（2014）在其论文中指出，本研究社会养老服务的需求属于感觉性需求的范畴，指的是当调查对象被问及是否需要

[1] 伊文斌，邓志娟. 需求与需要辨析[J]. 管理观察. 2005（10）：17–18.

[2] 曼昆. 经济学原理，微观经济学分册（第5版）[M]. 北京：北京大学出版社. 73.

[3] 国家应对人口老龄化战略研究. 中国城乡老年人基本状况问题与对策研究[M]. 北京：华龄出版社，38–39.

[4] Conner R F，Jacobi M，Altman D G，et al. 1985. Measuring Need and Demands in Evaluation Research[J]. Evaluation Review：A Journal of Applied Social Research，9（6）：717–734.

社会养老服务时产生的感受。[1]

（二）需要理论

1. 马克思人的需要观

通常人的需要都是从低级需要逐渐发展为高级需要的，马克思将人的需要活动放到生产发展和社会历史进程中去考察，认为需要是人的本质属性，人类能通过生产满足需要。首先生产是为了满足人生存和延续后代而需要的物质生活资料，这是人类最基本、最低层次的需要；其次是为了满足比生存和保持身体健康需要更高一级的物质资料与劳务享受资料的需要，如医疗、卫生、体育、文化艺术、休假、旅游等的物质资料与服务等；最后是为了满足逐步摆脱旧式分工的束缚和影响，使自己的体力和智为获得充分、自由发展和运用所需要的更高一级的物质资料需要，如教育、科研设施、培训机构、图书馆、书籍、报刊以及为保证人们正常生产和自由发展条件的保险保障等[2]。生存需要是每个人存在的必要前提，享受需要是在人通过劳动满足生存需要的基础上产生的一种需要，它可细分为物质享受和精神享受，发展需要是人在生存需要和享受需要满足过程中产生的一种精神追求，即人的自我展示和自我实现的需要[3]。

根据马克思主义人的本质是一切社会关系的总和[4]，人的需要

---

[1] 田北海，王彩云．城乡老年人社会养老服务需求特征及其影响因素——基于对家庭养老替代机制的分析[J]．中国农村观察，2014（4）：2–17.

[2] 姚虹．农村社区居家养老服务需要的区域及群体差异研究——以恩施市为例[D]．武汉大学学位论文．2017：33.

[3] 耿香玲，冯磊．城镇社区老年群体精神需求与精神养老服务体系的构建——以苏州龙华苑社区为例．常熟理工学院学报，2009，23（9）：31–36.

[4] 马克思．1844年经济学哲学手稿[M]．北京：人民出版社，2000.

必然既有生理性的，又有心理性的；既有物质性的，又有精神性的多样性，呈现出由低层次向高层次发展的过程，且人的需要是人们相互提供满足的，即需要具有社会性，只有通过社会过程，人的需要满足才能真正实现[1]。可见物质需要是基础，精神需求是一种基于物质需要基础之上的更高层次的人类需要。精神需要受社会环境的影响，总是同一定时期人们的思维方式、生活习惯联系在一起，并与当时的社会政治、经济、文化密不可分[2]。

2. 马斯洛的需要层次理论

人本主义科学理论之一的需要层次理论是由美国心理学家亚伯拉罕·马斯洛（Abraham Harold Maslow）1943年在《人类动机理论》一书中提出，并将人的需要从低到高依次分为：(1) 生理需要（Physiological needs）：即人类最基本、最原始的生理需要，主要包括衣、食、住、行等方面的需要，用来维持人的自身的生存。生理需要是其他需要的基础，并在所有需要中占绝对优势。(2) 安全需要（security needs）：即当生理需要相对充分地得到满足后，就会出现安全类型的需要，主要包括身体安全保障、生活保障、养老保障、医疗保障、政治安全等。(3) 归属和爱的需要（Love and belonging needs），又称之为社交需要：即当生理需要和安全需要都得到很好满足后，人对归属和爱的需要就会产生。希望维持人与人之间的友谊，持续与他人的友情和爱情，希望自己能成为任何一个集团或团体的一员，受到

[1] 邓大松，林毓铭，谢圣远．社会保障理论与实践发展研究［M］．北京：人民出版社，2007：85–89.

[2] 李倩．基于需求理论的城市老年人精神需求研究［D］．沈阳理工大学．2012：14.

关心和关心。(4) 尊重需要(respect & esteem needs):即一种对于自尊、自重和来自他人尊重的需要,希望得到他人对自己能力、知识、成就、地位等认可和尊重,从而获得稳定、牢固和较高的评价。一种尊重需要是来自个人希望在各种不同情境中有实力、成就、权能、优势、胜任及面对世界时的自信、独立和自由等的需要;另一种尊重需要是来自他人对自己名誉或威信的尊敬或尊重,或对地位、声望、荣誉、支配、公认、注意、重要性、高度评价或赞赏等的欲望。自尊需要的满足会让自信产生,使人对自己充满信心,对社会满腔热情,能体验到自己活着的用处和价值。(5) 自我实现需要(Self-actualization needs):即实现个人的理想和抱负,将人的最大潜能得以实现的期望,进而获得最大的快乐,自我实现需要通常依赖于生理、安全、归属和爱、尊重需要的满足。

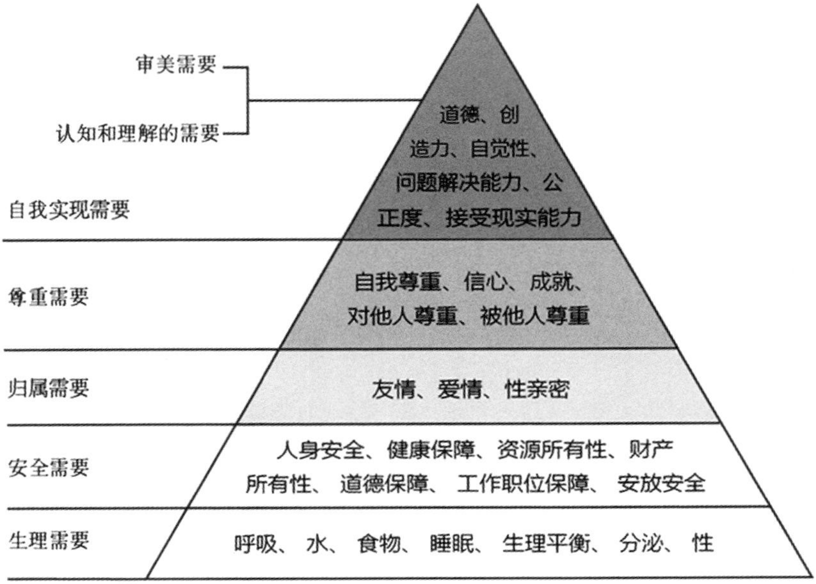

图2:马斯洛需求层次理论

这五种呈金字塔构造排列的需求只有满足了下层需求以后，才会激发更高一层次需要出现，但这种顺序并不是完全固定不变的，在多种需要都存在的情况下，总有一种需要是最迫切的，该需要满足后，后面的需要才会有激励作用。对于都市低龄空巢老年人来讲，生理需要和安全需要早已得到满足，为追求更有质量和幸福感的生活，处于空巢的老年人更需要来自亲人、朋友、邻里和社会的爱和关怀，更需要在外界条件的支持和帮助下，得到尊重、实现自我价值，进而获得情感需要。

另外，老年人的心理变化易受多种社会因素的影响。如工作、社交和生活方式的急速改变带来的心理不适应，较为突出和普遍的是社会地位和社会角色的变化，使老年人一时难以调适，此外，意外事件对老年人心理的刺激和损害较重。

以马斯洛的需求层次理论为基础分析老年人的心理需求，主要包括安全、归属与爱、尊重和自我实现四个方面。

（1）老年人由于生理机能的衰退，对自身安全的保护能力和对环境的适应能力随年龄的增加而逐渐降低，安全需求是社区养老设施规划建设时首要考虑的。

（2）老年人退休后脱离了主流社会圈，社区作为其居家养老生活的主要区域，在养老设施的规划建设过程中要考虑增强老年人对社区的归属感以及给予老年人爱的关怀，以此来弥补退休前后巨大的落差感。

（3）老年人自尊心强，较为敏感于他人对自己的态度并十分重视他人对自己的尊重，表现为老年人会产生注重知识和内在修养方面的需求。由于老年人的这个心理特点，他们对社区养老服务的细节较为关注,这就要求社区养老设施的空间布局、形式和氛围等与此需求相适应,如老年人在休息时需要较高的私密性和舒适性,这就要将空间布置在安静区域并加强空间的温和感。

(4)老年人对自我实现也有一定需求,主要表现为在日常生活中参与社会交往和活动、发挥自身余热、体现自身价值和享受晚年生活等方面的需求,另外还需要考虑因文化背景和地域的不同而造成的多样化和个性化的需求。

二、都市低龄空巢老年人情感需要

(一)情感需要

"情感"一词在《辞海》中解释为:心情感动;人对外界刺激产生的心理反应[1]。这一词汇自20世纪80年代以来,日渐成为社会学者热烈讨论的主题和研究对象,其相关论文和书籍也不断涌现出来。然而西方大多数社会学者并没有给情感一词进行严格的定义,其中具有代表性的有戈登(Gordon, S. L. 1981)把情感定义为感觉、表现性姿势和文化意义的一种从社会角度被建构的模式,该模式是围绕着与一个社会对象——通常是另一个人的某种关系而加以组织的[2]。霍克希尔德(Hochschild, A. R. 1979)认为情感是一个映像、一种思考、一段记忆与身体的合作——一种个体所意识到的合作[3]。国内学者王鹏,侯均生(2007)从戈登和霍克希尔德对情感的解释中总

[1] 辞海[M].上海:上海辞书出版社,1999. 193.

[2] Gordon, S. L. "The Sociology of Sentiments and Emotion." in M. Rosenberg, R. H. Turner (eds.). Social Psychology: Sociological Perspectives. New York: Basic Books. 1981: 556.

[3] Hochschild, A. R. "Emotion Work, Feeling Rules, and Social Structure." American Journal of Sociology, Vol. 85, No. 3. 1979: 551.

结出情感一般包括以下几个部分:(1)身体和生理感觉的变化;(2)姿势和表情的展现;(3)对背景或情境刺激的评价;(4)文化与社会标签[1]。众多社会学家的研究表明,情感不是简单的、个体的生理机体现象,它还受诸如文化规范、社会结构等宏观因素的制约;同样,对情感的管理与控制也不仅仅是个人互动意义上的,它还可能影响到社会控制与社会团结[2]。情感强调的是人对需要的满足感,当客观现实无法满足人的需要时,就会产生负面性情感体验。

需要是一个心理学概念,是指个体对内、外环境的客观需要(包括人体的生理需要和社会需要),表现为个体的主观状态和个体倾向性[3]。在养老服务的国外研究文献中,大多使用需要(need)的概念,在我国大多数学者在养老服务的文章中通常用需求(demand)一词代替需要,但文章中实际涉及的却是服务对象对养老模式或服务项目的主观意愿或偏好,而主观意愿或偏好是需要的概念[4]。本研究是根据都市低龄空巢老年人内心主观意愿、偏好和利益诉求而进行的实地调查研究,且社区向低龄空巢老年人提供的服务具有公共服务特性,所以本研究使用需要这一概念。

情感需要是人类特有的需要,是人们随着社会、外界事物(环境、

[1] 王鹏,侯均生. 情感社会学:研究的现状与趋势[J]. 社会. 2005(4):72.

[2] 王鹏,侯均生. 情感社会学:研究的现状与趋势[J]. 社会. 2005(4):85.

[3] 国家应对人口老龄化战略研究. 我国城乡老年人基本状况问题与对策研究[M]. 北京:华龄出版社,2014:38-39.

[4] 姚虹. 农村社区居家养老服务需要的区域及群体差异研究——以恩施市为例[D]. 武汉大学博士学位论文,2017:32.

产品等）的不断得到满足后，更加追求自身精神和情感上的需要、与他人和社会的情感交流、与他人和社会之间情感的共鸣等，它并非是单一的一种情感需要，而是一种极其复杂的多层次情感需要的综合体现，可以说人们所具有的各种感情都是情感需要的内容[1]。马斯洛的需要层次理论认为，人类价值体系中有两类不同的需要：一类是低级需要，即生理需要；另一类是高级需要，即情感需要。在人们满足低级需要的前提下，自然会更进一步地产生高级需要，即情感上的需要。

穆光宗（2002）认为老年人的需要既有基本的生存需要，也有高级的发展需要。老年人的需要是一个层次结构，依次包括：（1）生存需要：即老有所养、老有所助、老有所依，这种需要一般要通过来自家庭成员、亲属网络和社会组织在经济、事务和服务方面的支助来获得满足。（2）感情需要：即老有所爱、老有所伴，这种需要一般只能通过来自子女的孝敬、配偶的关爱或亲属的关怀来获得满足。（3）发展需要：即老有所乐、老有所亲、老有所学和老有所美，这种需要一般要通过人际交往和知识追求来实现。（4）价值需要：即老有所为、老有所用和老有所成，这种需要一般通过参与家务劳动、社会公益活动或其他经济活动来获得满足。这种需要体现了老年人对人生境界、人格尊严和自我价值的最高追求。（5）归宿需要：即老有善终，这种需要往往透露出老年人最后的心愿、追求和境界[2]。

因此，要想激励都市低龄空巢老年人积极参与社区活动，扩大他

[1] 刘雪丹. 都市低龄空巢老年人情感需要的问题研究［D］. 长春理工大学硕士学位论文，2013：8.
[2] 穆光宗. 家庭养老制度的传统与变革［M］. 北京：华龄出版社，2002：18–21.

们的社交范围，就要先了解都市低龄空巢老年人目前最迫切的需要是什么，然后再采取相应措施满足他们的需要。为了让都市低龄空巢老年人拥有较高的精神生活质量和相对美满的晚年生活，社区需要了解都市低龄空巢老年人的情感需求，通过促进都市低龄空巢老年人与邻里之间、老年人与社区和社会之间的交流活动，及扩大老年人与外界交往的范围，从而为都市低龄空巢老年人创造内部和外部条件，最终满足都市社区低龄空巢老年人的情感需要和精神生活。

都市低龄空巢老年人和任何人一样，都具有强烈的情感需要，但因他们具有较多的生活阅历和一定年龄的原因，故其外显的感情色彩不如年轻人那么明显，同时居住在都市里的低龄空巢老年人具有较高的文化程度和较优越的居住环境等，导致他们对其内心的情感世界要求相对更高。作为团体中主要成员，他们常常因情感与心理上的需要不能得到满足，而在其心理产生不同程度的失落感、孤独感和无助感等，其中还伴随着因生理和心理的衰老而引起的各种消极情绪和心理状态[1]。这种源于老年人的衰老和社会环境等条件的变化而产生的主观心态失衡，是为维持和恢复主观心态平衡，实现充实、满足和尊严而引发的一种渴求状态。所以情感需求是老年人精神生活产生的动机和源泉，是衡量都市低龄空巢老年人生活质量优劣的内容之一，低龄空巢老年人情感需求的缺失是老年人心理亚健康的表现，是低龄空巢老年人特有的一种负面情感[2]。缺少情感交流

[1] 薛彦芳. 基于低龄空巢老年人情感需求的社区老年人服务设施设计研究[D]. 北京理工大学. 硕士学位论文，2015：12.

[2] 胡仁禄. 老龄化都市居住环境初探[J]. 建筑学报，1994(10)：39-41.

和精神慰藉会影响都市低龄空巢老年人的生活质量，甚至会导致老年人的心理状态发生扭曲和变化，严重影响老年人的晚年生活。刘雪丹（2013）在《都市低龄空巢老年人情感需要的问题研究》一文对从影响低龄空巢老年人情感缺失的社会、家庭和老年人自身三个方面进行分析，并分别从政府、社区和老年人三方面入手，探讨了满足低龄空巢老年人情感需要的可行途径。这不仅对本研究继续深入探讨都市低龄空巢老年人情感需要提供了一定前期铺垫，也给本课题深入研究提供了更加开拓的思路。

因此本研究认为都市低龄空巢老年人因其生理和心理上的特点，其情感需要主要包括来自子女陪伴和照顾的需求；来自夫妻双方彼此间的关爱需求；来自与旧友经常倾吐心声的需求；来自老年人熟悉环境里邻里之间情感分享的需求；来自社区、社会及外界的关怀等需求；以及来自老年人自我价值实现的需求等。简单来讲就是亲情、友情、邻里情和社区（社会）的关爱。从我国目前社会发展实际情况来看，首先，低龄空巢老年人亲情的获得主要来源于子女，但是因工作、学习、生活等压力，子女没有多余的时间陪伴照顾父母，所以都市低龄空巢老年人得不到亲情需求的满足。其次，因退休、都市扩大化等原因造成老年人失去大量的知心朋友和老邻居，当遇到事情时很多心中的话语和苦闷无处倾诉，友情、邻里情的丧失使得老年人更加郁闷。为此本研究尝试以都市社区为平台，为社区设计一套完整的服务系统，调动社区内老年人参与社区活动、发展和建设的积极性，让老年人在快乐轻松的环境中与邻里之间进行情感交流与心情分享，进而弥补都市低龄空巢老年人缺少的亲情和旧友之情。

（二）都市低龄空巢老年人情感需要

低龄空巢老年人的情感需要是指老年人因情感与心理上的需求不能得到满足，而在其心理产生不同程度的失落感、孤独感和无助感等，其中还伴随着因生理和心理的衰老而引起的各种消极情绪和心理状态。它源于老年人的衰老和社会环境等条件的变化而产生的主观心态失衡，是为维持和恢复主观心态平衡，实现充实、满足和尊严而引发的一种渴求状态。所以情感需求是老年人精神生活产生的动机和源泉，是衡量都市空巢老年人生活质量优劣的内容之一，低龄空巢老年人情感需求的缺失是老年人心理亚健康的表现，是空巢老年人特有的一种负面情感。缺少情感交流和精神慰藉会影响都市空巢老年人的生活质量，甚至会导致老年人的心理状态发生扭曲和变化，严重影响老年人的晚年生活。低龄空巢老年人的情感需求主要包括：第一，来自子女陪伴和照顾的需求；第二，来自夫妻双方彼此之间关爱的需求；第三，来自与旧友经常倾吐心声的需求；第四，来自老年人熟悉环境里邻里之间情感分享的需求；第五，来自社区、社会等外界的关怀等需求。

目前，伴随我国的科技、经济水平的不断显著提高，我国人民的需要不再仅仅局限于物质文化，而已转化为人民对日益增长的美好生活的需要，并且在民主、法治、公平、正义、安全、环境等方面的要求也在日益增长。因此，我国当下都市低龄空巢老年人的情感需要呈现多样化特点，每个老年人的个体需求也不尽相同，但整体来说都市老年人的情感需要大致具有鲜明的时代特色：第一，老年人与子女生活分离，缺少与子女沟通交流，老年人的自我意识增强，从中也能看出，老年人承受的社会压力越来越大，以往家庭和社会潜在的问题已凸显出来。因此他们更需要亲情的慰藉，在思想和精神上需要获得亲情。第二，与邻居建立新的情感交流、放松休闲等是老年人退休后摆脱孤寂情绪最有效的方法之一。随着年龄的增长，老年的生理、心理功能都发生了很大变化，加之外出活动减少、活动半径变小，人际交往相对狭窄，在精神和情感上容易空虚并产生孤独感，也会因此产生某些消极情绪或偏离常态的行为，从而对身心健康产生较为严重的影响。给老年人提供可以随时随地轻松交流的环境和场所，让老年人与邻里、朋友进行沟通、嬉戏，让老年人在轻松祥和的氛围中潜移默化地增进与邻里情感，也是弥补老年人天伦之乐的最佳途径。第三，与时俱进适应新形势发展所需。当下我国都市老年人大多数都经历过新中国社会主义建设初期的一穷二白、“大跃进”、三年自然灾害、计划经济和社会主义改革开放到中国特色社会主义建设的历史过程，他们见证了我国发展的巨大变化，因此在他们的思想观念、生活习惯、思维模式、接受新事物、学习新知识等各个方面都与当下90后、00后有着很大的差异，但他们在思想上不落伍、政治上不迷航，能够顺应时代潮流和步伐融入社会之中。加之中国老年人自古就养成了勤奋好学、不耻下问的学习精神，因此对信息时代智能化新事物的接受和学习，已能够熟练掌握并广泛应用于生活之中，他们可以随时与家人、亲友进行视频沟通，可以随时随地对感兴趣的事物进行拍摄发朋友圈、网络购物……对于知识和科学素养较高的都市低龄空巢老年人来讲，他们对求知、求新的愿望更加强烈，更容易接受新事物，但他们也更希望自己被社会认可，更需要社区为他们提供可以展示自己能力和自身学习的成果，他们更希望获得他人和社会的认可。第四，积极参与社会活动，能够实现自身价值是退休后老年人的最大心理需求，自我实现是老年人精神需求的最高层次。虽然老年人已经退休但仍属于社会中一重要分子，他们的思想、情感、行为与社会其他成员都有直接或间接的联系。他们在长期工作和生活中积攒下来的娴熟技术和丰富的阅历和经验，在很大程度上对当下我国人口出生率下降、老龄化加速而造成未来社会的巨大压力具有积极作用，充分利用和发挥老年人自身特长和优势，在主动参与社会活动发挥自己的潜能和余热，为社会做一些力所能及的事情，在奉献中实现自身价值、发挥自己的余热和特长，不仅有利于缓解快速老龄化影响下的年轻人的压力，也有利于促进和提高老年人的生理、心理和情感的健康发展和表达，从而获得精神上的满足，增加主观幸福感。

第三节　社会支持

一、社区服务

社区（Community）一词最早出现在德国社会学家斐迪南·滕尼斯（Ferdinand Tönnies，1855—1936）1887年出版的《Community and Society》一书，是指通过血缘、邻里和朋友关系建立起来的人群组合。这一概念随着社会的发展和每个国家政体的不同，也在不断变化，迄今为止，关于“社区”的各种定义多达140多种，其特征和内涵也随着社会的发展发生着不同程度的变化。[1] 我国的“社区”一词是由费孝通于1933年从英文翻译而来，在中华民国时期政府和中华人民

[1] 黎熙元，童晓频，蒋廉雄. 社区建设——理念、实践与模式比较[M]. 北京：商务印书馆，2006：6.

共和国早期，社区一直都是国家政权统治的一个基础单位，附属于国家管制体系的现代再造过程当中[1]。20世纪80~90年代，我国学术界和政府部门在结合西方国家理论和实践的基础上提出了具有本土化的社区概念，一般认为社区是“聚居在一定地域范围内人们所组成的社会生活共同体”，而在政府文件中的社区则是指“经过社区体制改革后做了规模调整的社区居民委员会辖区”，前者主要强调其共同体特性，而后者则从行政区划的角度来界定的（民政部2000年）。

我国社区长期处于政治支配，其发展一直受国家规划和管理，并成为国家维持社会秩序稳定的最小的行政机构。特别在20世纪90年代，随着我国国有企业、事业等单位的改革，大量以单位为群体的人员失业后，一部分去外地工作，一部分集中在自己居住的地区生活。社区作为连接我国政府和老百姓之间的重要环节，不仅要维护国家的安全和稳定，也要更好地服务社区内的公民，反映百姓心声。伴随改革开放的不断深入，进入社会主义初级阶段的都市社区的主要职责有：(1) 社区劳动就业社会保障服务；(2) 社区社会救助服务；(3) 社区计生服务；(4) 社区住房保障服务；(5) 社区综合治理和安全管理服务；(6) 社区城市管理和爱国卫生服务；(7) 社区统计调查服务；(8) 完成街道办事处（乡镇人民政府）交办的其他政府部门依法延伸在社区的社会管理及有关公共服务。随着社会经济水平日益提高，“人民群众日益增长的物质和精神需求同落后的社会生产之间的矛盾”已妥善解决后，人民追求“美好生活需要和不平衡不

[1] ZHOUQing-zhi, On Chinese Community Governance: from Authoritarian Governance to Participatory Governance [J], *Study & Exploration, Serial. No. 251* No. 62016. P38.

充分的发展之间的矛盾”正在不断提升，特别在面对新时代都市社区老龄化之际，都市低龄空巢老年人的情感需求和照顾，亟需都市社区带动和协助空巢、失独老年人和家庭、邻里共建和谐美好的生活环境，提升老年人晚年幸福指数，实现自我价值。但我国现有都市社区的构成、职能及运行机制等依然承袭原有以“小政府、大社会”的管理框架进行分离执法、作业；依然按照“政府推动、街道支持、居委操作、各方参与、社区共建”的工作模式来执行；依然仅靠专业素养不足或没有的公务员进行组织管理；依然只依靠政府拨款支持或辅以社会力量赞助等，维持社区日常助老活动开展；依然以贫困居民、老年人、残疾人、失业人员和农村富余劳动力为重点的服务对象……可见原有2~3名公务员组成的社区、原有社区的设施设备、原有的工作模式、原有的管理框架、原有的活动形式和方法、原有紧靠政府资金支持等，早已不能满足我国都市人民对美好生活向往的需求，特别是在都市扩大化、高速老龄化到来之际，我国的社区建设和治理必须转型。因此，2013年8月16日国务院总理李克强主持国务院常务会议时，要求加强养老服务能力建设，要在政府主导的基础上，进行社区改革创新，发挥社区活力，推动社会力量成为发展养老服务业的“主角”。[1]我国各省市的社区建设开始引入社会力量，共同开展为百姓服务的活动。当下我国社区建设正在形成以中国共产党领导下的都市社区为主，引进社会有实力的公司或财团，协助都市社区共同完善或开发都市新社区。

[1] 中国新闻网，国务院：加快发展养老服务业推动社会力量介入，http：//www.chinanews.com/gn/2013/08-16/5173338.shtml

养老服务最早可以追溯到1963年，英国政府健康部提出社区照顾理论，并衍生出无偿服务、社区内小型院舍服务，以及上门服务等多种养老服务模式。日本在国家政策支持下，关于养老服务的研究和实践不论从环境改造、心理疏导、精神慰藉，还是日常照顾、临终关怀等各个方面的细节都较为细致和完善。自新中国成立以来，我国的养老服务主要以家庭养老服务为主，期间伴有对孤寡老年人、五保户等建有养老院，直到20世纪80年代，我国社区服务兴起以来，养老服务便成为社区服务的重要内容。自1997年前后，学界开始对社区养老服务展开研究，并逐渐形成了较为明晰的研究群体。近年来，随着人口老龄化加速发展，国内外关于养老服务和养老产业也在持续升温，包括适老化建筑设计、适老化产品设计、老年社区构建、居家养老服务设计，以及社区养老服务设计等。设计研究所涉及的学科较为交叉，主要集中在经济学、社会学、心理学、设计学，以及建筑学等领域。

本研究认为，我国社区养老服务在为老年人提供服务过程中，要充分发挥政府的主导作用，依社区组织为主体和依托，借助社会团体、组织，整合利用社区资源，调动社会力量，面向社区内的老年人为其提供多种需求的福利性服务。社区养老服务的内容不仅包含物质生活保障，还包括精神情感等多方面，须具备以下特征：一是社区养老服务通常是有组织、有系统的服务体系；二是社区养老服务以便民、为民为出发点，往往比社会养老服务价格低廉，是一种福利性服务；三是社区养老服务需要调动、鼓励社区居民全体参与，所强调的是居民的公益性和自助性。社区为老年人提供服务的实质就是组织发动社区成员开展集中服务的一种活动，老年人既是参与者，又是受益者。社区服务充分体现了我国守望相助的传统，因此在开展社区服务中要突出互助性，依靠社区内各方面的力量，依靠群众自我管理自我服务办好社区服务。

二、社会支持

社会支持（Social Support）这一概念源于20世纪60年代，当时主要存在于医疗康复和精神疾病学中，并和个体的生理、心理及社会学适应能力等联系在一起。20世纪70年代，精神病学领域学者Capelin（1974）、Cassel（1976）和Cobb（1976）认为社会支持有助于人们应对各种生活变迁、危机事件和不利的环境。Capelin认为社会支持是一种社会集合，它能让个体增加自我认识，也能让个体维持对他人的期望，在这个集合中对个体有支持性作用的他人，能在个体有需要时，向个体提供包括信息、认知指导，以及情感支持和一些实际性的帮助。Cobb认为社会支持是指在社会支持网络中提供支持的个体通过各项行为，个体能够体会到他人对自己的关心、与尊重[1]。此后，社会支持在精神病学、心理学、医学、社会学等学科先后作为科学研究对象和专业上的概念被提出来。尽管其内涵没有在各学科之间完全统一，但在社会学界依然是重要研究领域之一。豪斯认为社会支持是人与人之间通过各种交流活动所获得的物质资源上的互通、感情上的慰藉和知识信息上的交换[2]。Lin N.等认为社会支持是个体处于危机中时得到的来源于他人、群体、社区等提供的实质性支持（通过人

[1] Cobb S. Social support as a moderator of life stress. Psychosomatic Medicine，1976，3：300-314.

[2] 王霞. 网络社会支持的互动过程研究：以N虚拟社区为例［D］. 兰州大学硕士学位论文，2010.

际关系来达到某种目标）和情感性支持（是指情绪的发泄、尊严和价值等得到认可或肯定等）[1]。

在国外学者研究的基础上，我国学者于20世纪90年代开始对社会支持逐渐展开研究并提出自己的观点和看法。李强认为社会支持为一个人通过社会联系所获得的能减轻应激反应、缓解精神紧张状态、提高社会适应能力的影响。其中社会联系指来自家庭成员、亲友、同事、团体、组织和社区的精神和物质上的支持和帮助[2]。社会支持是个体生存和发展不可或缺的重要因素，是个人与其生态系统之间的关系状态。陈立新认为社会支持是一种人际交往系统，是个人从其所拥有的社会关系中所获得的物质及精神上的支持[3]，它不仅仅是一种单向的支持、关怀或帮助，也是个人所拥有的社会关系的量化表征，在多数情形下表现为人与人之间互动的一种社会交换关系。因此，人们通常将社会支持分为正式社会支持和非正式社会支持。正式社会支持的主体是各级政府、机构、企业、社区等正式组织，提供诸如社会保障制度、医疗保障制度、助老敬老政策等支持；非正式社会支持的主体是家庭成员、邻里、朋友、同龄群、邻居等，提供情感、行为和信息支持等[4]。

---

[1] Lin N，Ye X，Ensel W M. Social support and depressed mood：a structural analysis [J]. Journal of Health & Social Behavior，1999：40 (4)：344–359.

[2] 李强1998. 社会支持与个体心理健康 [J]. 天津社会科学. 1998，(1)：66–69.

[3] 陈立新，姚远. 社会支持对老年人心理健康影响的研究 [J]. 人口研究. 2005，19 (4)：73–78.

[4] 陶裕春，申昱. 社会支持对农村老年人身心健康的影响 [J]. 人口与经济. 2014，(3)：3–14.

本研究主要研究都市社区低龄空巢老年人情感需要问题，故社会支持界定为正式与非正式社会支持系统提供的精神方面的支持。低龄空巢老年人是都市社区中的弱势群体之一，政府、社会、社区等不仅应予社区设备设施完善、社区良好自然环境的提供、协助老年人实现自我价值、带动老年人真正实现银发经济等正式支持和服务，还应发动邻里、家庭、亲友等共同参与相互照顾、情感互慰、社区共建、自我价值实现等非正式性社会支持，进一步促进都市社区低龄空巢老年人生理和精神健康，进一步真正实现老有所养、老有所依、老有所为，社区居家养老服务才能真正落到实处，都市社区才能真正起到作用，老年人的生理、精神需要才能得到慰藉和满足，晚年生活质量才能得到实质性提高。

第四节　服务设计

一、服务设计

Zeithaml、Parasuraman和Leonard总结了1963年至1983年所有的服务研究，得出了服务的四个重要属性特征，即无形（Intangibility）、异质性（Heteogeneity）、非分离性（Inseparability）和消失性（Inseparability），以及其他四种易逝性特征[1]。

1984年，纽约花旗银行（Citibank New York）的营销副总裁Lynn G Shostack在《哈佛企业评论》上发表的论文《Designing Service》中，

[1] Kevin Lane Keller. Lee Sang-min et al. Brand Management, Business Books, 2007.

首次将服务和设计结合起来，为服务设计的发展拉开了序幕。根据Lynn Shostak的说法，设计过程可以作为服务设计过程的基本功能，以客观和标准化的方式进行编码，服务中的一组事件可以作为服务蓝图进行记录。因此，"服务设计"一词在管理和营销领域被定义为"设计服务活动"，并与"服务蓝图"在同一个概念中使用。

1991年，Bill Hillins夫妇在著作《Total Design》中，首次将Service Design呈现在世人面前。

1991年，科隆国际设计学院（Koln International School of Design—KISD）的Michael Erlhoff教授将"服务设计"引入设计界并将其运用于教学实践中，他后来在服务设计研究的发展中发挥了关键作用。1994至2008年英国标准协会颁布服务设计管理的指导标准（BS7000-3：1994）和（BS7000-3：2008），提供所有设计组织与所有服务形态在各层面的服务设计管理指南。该标准将服务设计看作定义及规划服务的方法，这一方法需要充分考虑服务使用者的已知的和潜在的需求，并能有效地利用各种资源。[1]由于欧美服务业的迅猛发展，催生了大量的服务设计需求，因此许多以服务设计为主导的设计公司开始形成，比如Livework、Frog Design、Engine、IDEO等，随着这些公司实践经验的不断积累，服务设计越来越受重视，并不断丰富着服务设计的理论、方法和工具。随着服务设计在市场上的不断发展，不少学院也开始相继开设服务设计课程，比如科隆国际设计学院（KISD）、阿尔托大学（Aalto University）、米兰理工大学

[1] 魏敬普．新型银行网点服务设计研究［D］．合肥工业大学硕士学位论文，11．

(Politecnico di Milano)等。至今,服务设计都还没有一个明确的定义,科研机构、院校和企业都根据自己的理解和实践对其进行不同的界定,如表1所示。

表1：关于服务设计的定义

定义提出来源	定义描述
维基百科	服务设计是为提高服务的提供者与顾客、顾客体验之间的品质,而进行有效地组织这一项目中所涉及的人、基础设施、通讯交流沟通及服务等相关因素的计划活动。
国际设计协会	服务设计从客户的角度来设置服务,其目的是确保服务界面。从用户的角度来讲,包括有用、可用以及好用;从服务提供者来讲,包括有效、高效以及与众不同。[1]
哥本哈根互动设计学院(The Copenhagen Institute of Interaction Design, CIID),2008	服务设计是一个新兴的学术领域,其宗旨在于透过整合有形、无形的媒介,创立完整、缜密的服务经历;当运用在像是零售业、银行业、交通运输业、保健等产业时,能够创造许多优势。从务实面来看,服务设计是以提供使用者完整服务为目标,规划出的系统与流程设计。这种跨领域的学问,必须结合许多设计技巧、管理与程序工程在内。[2]
英国设计学会,2010	服务设计是为了让服务更有效,可以提高服务可行性和效率,进而满足顾客的期望。

[1] 赵颖梅,熊微,张伊岚,杨艳丽. 关于校园公共服务设计思考和理解[J]. 大众文艺,2012(9):96.

[2] Marc S and Jakob S. This is service design thinking: basics, tools, cases[M]. Tai Wan: China productivity center, 2013, 03.

（续表）

定义提出来源	定 义 描 述
韩国设计振兴院，2010	服务设计是一种通过对多个利益相关者需求的深入调查，以用户体验为主，并与顾客共同运用专业的可视化服务设计方法和设计思想，为顾客提供最佳的，并且开发或创新出可以体验的产品或服务，进而来满足每个利益相关者的各自需要。
史蒂芬摩瑞兹（Stefan Moritz），2005	服务设计是帮助创造新的或者改善已有的服务，使得服务对客户更加有效、可行性更高、更符合客户的需要，对于机构来说更加高效。这是一个具有整体性、跨领域、整合性的新型学术领域。
LIVE WORK，2010	服务设计是利用现有的设计流程与技巧，应用于要建立的服务过程之中。它是一种既可以改善现有服务，又可以创造全新服务的切实可行又实用的方法。
服务设计新领域（Frontier Service Design），2010	服务设计是一种以全局性方式为商业项目而创造既无所不包，又完全了解客户需求的整体服务方案。
BIRGIT MAGER，2009	服务设计的目的在于确保服务内容是有效、可行的，并且是被顾客所需要的。从服务供应方角度来说，服务设计是为了使他们提供的服务更加有效、高效并且有特色的服务。
CONTINUUM，2010	服务设计是一门帮助开发和提供优质服务的设计的活动。服务设计项目可以提高比如环境、沟通、产品等领域中的操控度、满意度、忠诚度和效率。

从上述对服务设计的定义可以看出，服务设计是一个不同于传统设计的概念，它是一项跨领域的学科，在服务设计过程中，必须结合各个专业领域的不同理论、方法和工具，从不同的视角、多维度、多领域对设计的项目进行逐层分析、逐点排查，重点找寻问题的痛点所

在，借助较直观、可视化的方式将复杂问题直接化呈现于世，供设计者、提供者、顾客等多方共同深入探讨和提出更合理的解决方案、评价指标等。服务设计并非是一个全新的学科，它仅是一种新的思考和整合方式，服务设计的问世有利于服务流程的改善、服务内容的完善、服务效率的提高、用户需求的契合，让服务整体更具有可靠性、有效性和可行性，既可以用于改善现有服务，也可以创造全新的服务。

2004年，由科隆国际设计学校（KISD）、卡内基梅隆大学（CMU）、米兰理工大学（Politecnico di Milano）和多莫斯设计学院（Domus Academy）共同努力，建设了服务设计网络，这一网络为遍布全球专业设计以及那些已经开始提供服务的企业、公司、个体等提供设计顾问服务。至此，服务设计在国外有了比较成熟的体系及较多的研究成果。

服务设计发展到今天，产生了一批以专门提供服务而崛起的公司，许多公司因为在产品中注入了服务而在市场上获得巨大成功，例如Google提供搜索服务，Amazon提供网络购物服务，Fedex提供网络快递服务。iphone之所以能够打败其他对手在智能手机领域独占鳌头并不是来源于物质化的产品本身，而是来源于购买产品之后APP store等所带来的愉悦服务体验，正是服务的完善让苹果公司成为行业内的佼佼者。服务设计今后的发展趋势，必然是企业从以产品为中心向以服务为中心转型，并将文化纳入思考范围内，以为用户提供愉悦的服务体验为目标，通过设计将有形的感官体验与无形的文化因素相结合，为用户创造美好的体验，为服务的提供方、接受方以及社会创造价值。

近年来，在国内院校、科研机构和公司，关于服务设计的研究也在不断探索和实践之中，并在不断扩大研究范围及领域的同时，总结了大量有益经验、方法和理论，值得本研究借鉴，如表2所示。

表2：国内关于服务设计的研究

作者	作品	研究的内容
罗仕鉴，朱上上	服务设计	该书从工业设计出发，系统地介绍了服务设计的起源、发展，服务与产品的关系，根据马斯洛心理需求层次提出了服务设计需求五层次理论，介绍了服务设计的流程、方法、工具，重点阐述了服务设计中接触点的概念，最后结合具体的案例进行说明。
胡莹	服务设计概念衍生阶段的反思型设计	文章从设计教学和设计项目实践入手，作者将服务设计概念衍生阶段设计师基本的设计活动规律，和服务设计概念衍生的思维模式、设计策略与驱动类型两个基本研究问题，归属于设计行为学研究设计实践和设计过程的研究范畴。该研究对概念衍生阶段的设计师思维认知和创新活动的“解密”具有重要的理论和实践指导意义。
搜狐新闻客户端UED团队	设计之下	该书由搜狐新闻客户端的设计团队以他们自身的设计过程为蓝本，将搜狐新闻客户端作为典型案例，从交互设计中的项目启动、解析需求、原型设计再到视觉设计、UI 动画设计、开发与测试，系统而真实地再现了在产品开发过程中的整体流程，给予互联网产品很好的参考价值。
腾讯用户研究与体验设计部	在你身边，为你设计	该书是腾讯核心部门之一 CDC 将从日常工作中总结出的设计经验总结并与每一个人分享，其中的内容包含了设计理念、方法、研究过程、设计流程和工具，最重要的是其中还讲到了如何让团队在合作与实践当中成长，作为管理者要如何管理团队方面的知识，体现出了用户体验在中国已然跃升到了一个相当重要的地位。

从心理学角度来说，服务设计必须探析用户心理，分析用户行为，让这个服务设计的过程都符合用户的使用习惯。这一类文章有唐纳德·诺曼所写的《设计心理学》丛书作为参考，从心理学的角度对设计进行了深入的剖析，让设计跨学科的特征更加明显。从人机交互角度来说，在服务设计中经常会涉及线上与线下的结合，这个时候要更多地考虑到人机交互的友好、效率等问题。从设计学的角度来说，关于服务设计的论文无论中外都呈现不断升温的趋势，服务设计在各个方面都逐渐展开研究。但是在服务设计研究领域，缺少关于都市低龄空巢老年人情感需要导入社区服务设计体系建设的探究与实践，对此本研究吸取前人的研究成果，结合个人对服务设计和我国都市社区助老服务的理解，引用下面服务设计的定义。

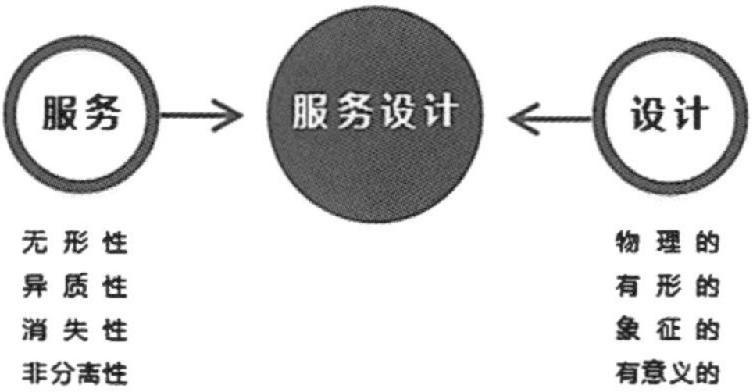

图3：服务设计的概念

服务设计是“服务（service）”和“设计（design）”相结合的合成词，是一种将“设计”的物理性、有形性、象征性和内涵性等特征，与具有服务的无形性、异质性、非分离性、消灭性等特征相结合的方法论，它具有无形性、易变性、同时性、消失性等各种复杂的内涵[1]。简

[1] 李元植．服务设计创新．Angrafix，2012：44–45.

单来讲服务设计就是一种通过结合服务的特征和设计的特点，更详细地揭示服务属性的方法[1]，如图5[2]所示。可见服务设计是一种通过设计思维，将多学科方法优化创新的可行方法论。因此，服务设计与其他服务的区别在于，服务设计提供的是价值导向的服务，而非效率服务[3]。

服务设计是较全面考虑各种情况和因素的，其目标是为组织提供生产力和为用户提供服务满意度。换句话说，服务设计是一种对服务进行优先排序并导致用户自然行为改变的设计方法。服务设计是企业应用最活跃的方法之一，在产品设计、视觉设计、环境设计、服务开发和商业模式开发等方面都有广泛的应用。

二、服务设计的基本原则

服务设计的核心价值观就是“以人为本”，从用户的需求出发，让用户参与设计之中，用创新的设计理念，结合不同的工具、原则进行跨学科交融的方法，是一种符合当下科技信息发展和社会实际发展所需的较为新颖且具有创新性的一种思维方式。随着创新思维的不断发展，实体与虚拟的结合可以带给人更加完善的体验，而服务设计正是实体与虚拟结合下产生的新兴领域。作为一种创新的设计思维，服务设计已经应用于很多领域，为各领域的发展带来了很多益

[1] Name of expression，two-way expression. Service Design Innovation，Angrafix. 2012：41.

[2] Choi Hyun-jung.(2016)，A Study on App Design for Racing Customers：A Master's Degree thesis at Hongik University Graduate School of International Design，focusing on Service Design Methodology.

[3] Yoon Sung-won，Service Design Trends and Policy Directions，Korea Design Agency Policy Development Team，2010.

处，已经成为社会创新的驱动力，在这个共享经济、任何人都能通过互联网建立联系的时代，更需要协同创新的思维。服务设计有助于发挥系统中每一个人的力量，将服务提供者与服务接受者有机结合起来，充分发挥每个人的效力。每一位设计师都能够在服务设计中找到自己的位置，同时用户、研究者和组织者的关系也慢慢发生改变，角色的变化促成其拥有更平等的协同创新的关系，因此在很多企业的产品开发过程中，逐渐以用户为中心的研究转变为设计师、用户与研究者共同合作沟通以促成产品或服务（Co-Creation）的协同创新方式。

《THIS IS SERVICE DESIGN THINKING》的作者 Marc Stickdorn 总结了服务设计的五大原则，给出了建设性的观点，具体的原则内容可参照下表。笔者结合作者的观点及自己的思考，阐述以下五大原则。

表3：服务设计思维的五大原则

特征	内容
以用户为中心	服务应从顾客的角度来设计。在设计的每个阶段都要既考虑用户或客户，又要满足各个利益相关者的需求。
协同创新	所有利害关系者都要参与设计过程。用户或客户参与其中提供资源，其他利益相关者协同参与提供自身资源。
秩序性	要按密切相关的功能顺序视觉化。为保持服务系统稳定有序的进行，从服务开始到结束每个角色都要依次完成自己的事项。
有形化	无形服务应以形态视觉化，将无形的服务转化为可以感受到的有形元素，给人们带来更深刻的体验。
整体观念	服务的所有环境都应得到考虑。在服务全部过程中要尽可能看到服务流程最完整的全貌，尽可能掌握所有服务参与者的心情和感受。

1. 以用户为中心 USER-CENTRED

设计的目的是为“人”服务，服务是通过服务提供者和客户之间的交互形成的，服务的本质是为了满足用户的需求，即：服务设计的核心就是“以用户为本”。用户的参与使得服务系统形成闭环，以用户为中心、洞察用户需求，以优化整体服务的体验是服务设计的重要原则之一。因此，在设计前期，首先就要确定设计的目标和目标人群，这是服务设计的重点；其次要全面了解用户的实际需求，并针对用户的实际需求展开相应的调查和详细分析，之后再对用户的需求进行进一步开发和设计其服务流程；再次要对处于同一环境中的竞争对手或潜在竞争者展开全面调查和分析，找出对方与我方用户之间的缺点，再进行比较分析。这样更有利于在设计阶段通过假定或虚拟的用户和相应场景进行顾客行程的体验和描绘，记录顾客在每个接触点上进行的活动和行为，进而找出关键接触点后进行详细比较分析顾客的痛点和兴奋点所在，为进一步有针对性的设计进行优化，从而确保设计的可行性；最后在前期设计的基础上，需不断收集顾客的体验心得和用户对设计满意与否的反馈意见，再对所设计产品中存在不足进行相应的改进和调整，确保设计的产品可以持续发展。

2. 协同创新 CO-CREATIVE

这是一种参与式设计，由多人组成共同完成。共同创造是服务设计中重要的设计方法，参与设计的人员不仅有设计师、提供者、管理者、用户、参与服务的提供者，还有更多潜在的用户和多方的利益相关者。在设计整个服务过程中需要尽可能考虑到涉及的不同群体，如果在此过程中，能够充分调动各利益相关者的参与程度，就可以从不同角度获得更具体、更全面的设计概念。在前期设计构想阶段，运用多种角色进行草图绘图、符号象征等形式，有助于高效快速创建设计构想模型；在调研阶段实现共同参与，发现更多问题，提出不同意见；在评估阶段，参与者和设计师共同讨论，反复整合信息，为设计的修改和完善提出建议。所以服务设计人员还需要有组织能力，去激发各利益相关者的创造力，以调动各利益相关者在服务设计过程中的参与积极性。

3. 秩序性 SEQUENCING

完整的服务系统是由多个服务阶段、多个接触点共同组成的，服务设计针对不同用户的需求，其关注的重点也不尽相同，从开始的用户需求分析再到服务设计的传递，最后到服务的形成，都要遵循一定的服务流程，而服务设计不仅要遵循需求分析—用户分析—设计模型构建—测试评估—传递与转换这一顺序，还要考虑每个环节给用户带来的节奏，做精准的节奏控制，把用户与服务互动的每个点连接起来完成设计方案。

4. 有形化 EVIDENCING

在服务系统中很多服务都在后台无形地进行着，这需要在一定程度上将无形服务进行有形化体现，通过获取设计模型中的关键点或者主要元素通过实体参与者视觉符号的再现，帮助设计师和用户理解服务设计的结果，进而增加用户对服务的感知和理解。

5. 整体观念 HOLISTIC

在服务设计中，不是孤立地研究人、机、环境，而是站在系统的高度，将人、机、环境看成是一个相互作用、相互依赖、具有特定目标的系统。设计者以满足用户需求为目标，平衡服务设计要素之间、服务过程各环节之间、不同层次环境要素之间的关系，统一规划，合理设计。在服务设计中,需要将人、机、环境有机地统一起来,形成相互关联、相互制约、具有特定目标的系统。设计者要以提高服务效率、增加用户满意度和减少出错率为目标,对每一部分都要合理分配与应用,平衡各要素、环节、层次之间的关系,为完成同一目标而创造价值最大化。

三、服务设计的特征

服务设计与传统设计最大的区别不只是对象的设计,而是对象的设计以及用户使用的方式,而服务设计是以用户为中心的,最常见的关键词是“体验”。体验是一个给定的或外在的物体所刻下的印象,是指使用者通过生活、观察和观察自己的日常生活而获得的一切知识和能力[1]。延世大学(Yonsei University)的Kim Jin-woo教授说:“所有为良好体验而设计的设计都可以被定义为服务设计。”体验包括感官体验、情感体验、认知体验、行为体验和关系体验。

表4:体验类型及特点[2]

类型	特　　点
感官体验	通过刺激五种感官(视觉、听觉、嗅觉、味觉和触觉)来传达美、兴奋和满足。

[1] Forlizzi, Jodi, and Shannon Ford. “*The building blocks of experience: an early framework for interaction designers*”, Proceedings of the 3rd conference on Designing interactive systems: processes, practices, methods, and techniques. ACM, 2000, 419–423.

[2] Qing Ji Fan, Kim Won-kyum, Off-board, “The Impact of Consumer Experience in Experience Stores of Mobile Communication Companies on Corporate Brand Assets” Korea Customer Satisfaction Management Association, Vol. 17, No. 2, 2015, 72–73.

（续表）

类型	特　　点
情感体验	以直觉和想象为基础，关注消费者的情绪反应，使情绪和情绪影响购买决策的体验过程。
认知体验	通过激发消费者创造性思维，提升企业正面形象。
行为体验	诱导消费者行为。
关系体验	与社会群体、社会、文化等抽象群体的联系，包括他人或其他社会群体、社会类别、社会影响、社会自我、品牌群体等。

现有的设计与服务设计相比大致有四方面不同：

第一，服务设计要求设计的提供者必须具备灵活运用多学科知识交叉和融会贯通的能力。从服务设计的角度来看，设计作为一种解决方案，不仅要整合设计与用户相接触的痛点，还要综合考虑所有参与与此相关的利害关系者和整合服务交付的整个过程。

第二，服务设计的对象是一种无形的、没有形状的“服务”。考虑到服务设计和现有设计的设计思想，现有设计侧重于产品的形式和美观，而服务设计关注的是指定类型的证据如何影响客户的感受，以及如何传递经验。

从两者的设计特征来看，现有的设计是用肉眼可以看见的，服务设计是不可见的。现有的设计是以视觉传播为主的设计，而服务设计是以情感体验为主的设计。

第三，服务设计的目标是开发概念和商业模型。如果说现有的设计是对具体事物的设计，那么服务设计应该是以“实现服务”为目标的设计，因此以具体的事物作为媒介，具有选择性和附带性的作用。

第四，设计在服务设计中的作用是克服服务的无形本质，创造顾客可以体验的具体类型。顾客要想通过服务获得满足感，就要对其进行外部刺激。对此，服务的提供者可以为顾客提供更多的外部刺激让顾客能够对其提供的服务进行判断。在这种情况下，有必要厘清顾客、设计、消费者之间的关系。原则上，客户在没有亲自通过感官体验的情况下，是很难感受这一无形服务的。因此，服务提供者有意地通过一种被称为“设计”的特定路径，间接地设计到无形的服务之中，从而使潜在客户和现有客户能够体验他们的服务。出于这个目的，顾客也会在体验服务之前，根据一致的感觉，通过接触的设计来判断所遇到的设计服务。事实上，不管服务的质量如何，如果设计的渠道没有打动或刺激到顾客的心灵，顾客是不会想参与体验的，这就会导致服务的购买率下降。如图4所示 。

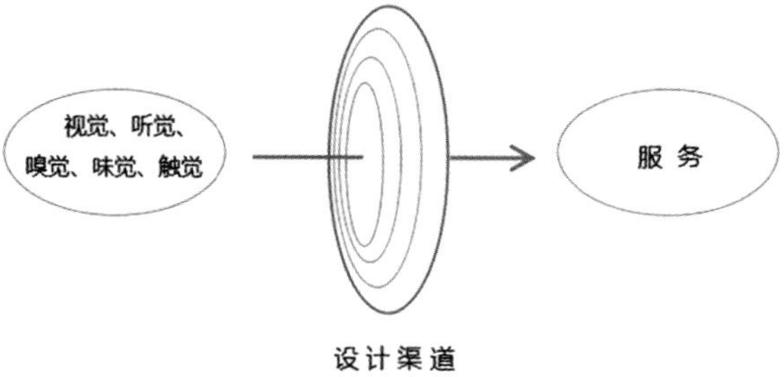

图4：顾客、设计、服务的关系

四、服务设计方法论

服务设计方法论最早可以追溯到1982年林恩·G·肖斯塔克（Lynn G. Shostack）发表在《欧洲市场杂志》（European Journal of Marketing）上的一篇名为《如何设计服务》（How to design Services）

一文而广为人所知。目前来看,因企业需求各不相同,所以关于服务设计的方法论及过程也存在各种差异,以下是几种较为常见的服务设计方法论及其流程。

贾尼亚·维拉德斯(Xenia Viladas)在著作《设计服务》中,将服务设计的方法论(如图5所示)分为五个阶段进行开发设计。第一阶段是深入了解并掌握设计项目各个细节,对所设计的内容进行实地调查,收集相关信息资料并对其进行研究和分析;第二阶段是对前一阶段收集整理的信息进行系统分析和处理后生成创意和想法的阶段;第三阶段是信息沟通和共享两种工具,即"Map"(示意图)和"Narrative"(事件描述)的阶段;第四阶段是通过人与人、人与机器、机器和机器之间的交互进行原型设计和检验的阶段;第五阶段是整合和发表想法的阶段。

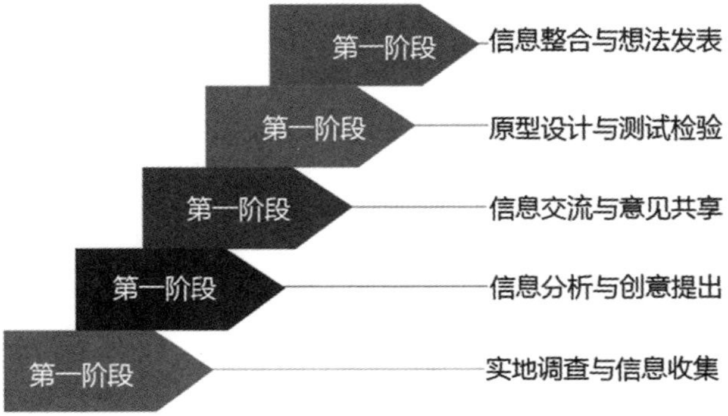

图5: Xenia Viladas 服务设计方法论的五个阶段[1]

[1] Xenia Viladas, Design at Your Service, Lee Won-Buk, Design Services, Biz&Biz, 2011 : 102.

《服务设计时代》也提出了五个阶段的流程:(1)理解服务:明确服务的目的和目标。(2)观察顾客体验:会去哪里?发生了哪些障碍和问题?哪些接触点特别引人注目?(3)服务设计:通过服务设计想要传达的样式是什么?需要什么物理证据和界面?用什么来包装肉眼看不见的服务?(4)制作服务设计模型;(5)对服务设计进行测试、评价、反馈。[1]

中国的服务设计书籍中,服务设计以用户为中心贯穿整个流程,从最初的要求分析,到服务传达和转换,再到下一步要求的形成,"分析与规划、开发设计、设计评价"三个阶段可以表现出来。具体包括"需求分析—用户研究—服务定位—服务原型设计—评价测试——具体设计—设计评价—传达及转换"等过程。如图6所示,展示服务设计的流程模型。

在众多的服务设计过程中,最具代表性的服务设计过程是2005年在《服务设计的动向和政策方向》报告书中,由英国设计协会(Design Council)研究人员整理的概念设计过程,并提出"双钻石设计过程模型(Double Diamond Design Process Model)"[2],该模型由"探索(Discover)、定义(Define)、开发(Develop)、传达(Deliver)"四个阶段构成,以此为基础研究者创建了"服务设计过程的双钻石模型",如图7所示。

---

[1] Piao Xian-ming, Lee Won-sik, Choi Mi-kyung's co-authorship, Age of Service Design, Angrafix, 2008: 26.

[2] Moon Jae-ho. "A Case Study on the Development of Cosmetics Using Product-Service Convergence Total Design Process", Korea Science and Arts Forum, Vol. 13, 2013: 309~319.

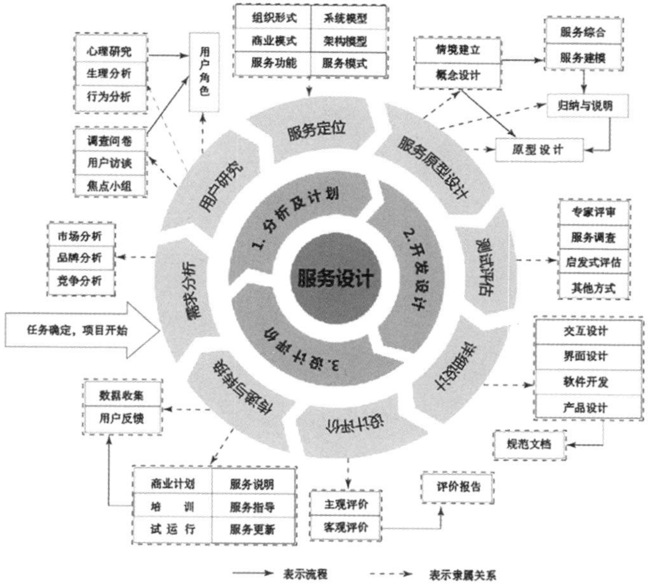

图6：服务设计过程模型[1]

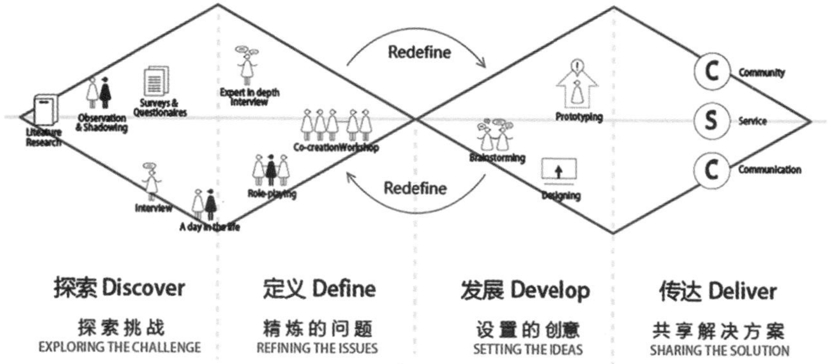

图7：服务设计过程的双钻石模型

［1］ 罗仕鉴，朱上上．服务设计［M］．北京：机械工业出版社，2011：83.

这四个阶段随着设计项目中的问题（如图8所示，A点即：未知）的找寻、调研—定义、合成—发展、构思—传达、实现确定方案、答案（B点，即认知）。这个过程看上去好像应该有一个结果，但是对于创造性的设计而言，它始终都处于一种持续运用新的方式或手段来积极不断地改变和完善项目、创意和问题的过程，从中可以看出双钻模型是一个结构化的设计方法。第一，在探索发现阶段，要对所需要的设计项目提出各种质疑，从中罗列各种研究对象，通过资料搜集和现场调查、采访等获取第一手资料，并从中找寻具体的研究方向，其实这属于我们思维在发散时透析问题的过程；第二，在定义合成阶段，要对前期调查的原始数据和资料进行进一步总结，可以通过分类或横向列举、比较、聚类等方法将原始数据进行详细分析，与最初提出的质疑进行对比，结合第一手资料进一步详细筛选多余调查信息对设计前的质疑是否有所帮助，或是否可以对后期设计从另外一个侧面对设计及创意产生更重要的影响，或给接下来的设计带来新的思路和方法，通过横向比对和纵向分析，对所质疑的问题进行重新定义设计，其实这属于我们思维在集中时将问题聚焦的过程；第三，在发展构思阶段，要充分发挥每个参与者在调查和实地体验后的想象和创意，让他们对上一阶段的定义通过自己的想象、体验、感受等以视觉形式形成于纸面，根据每个参与者对定义的不同理解，进行归类和再次比较整理，进一步界定前一阶段的定义，在此基础之上形成团队的共同创意，再对该创意（定义或概念）进行进一步现场调研和数据分析，以达到进一步对该项目的创意生成进行有理有利的数据或事实支持与评估，这个阶段或过程是不断迭代的，进而得出具体的设计方案，其实这属于我们思维在对前一聚焦问题进行再次对潜在问题进行发散和提取整理的过程;第四,在传达迭代阶段,根据上一阶段对设计创意的和其中各个设计要素及方案的形成创建原型,这一原型的创建可以为接下来的设计方案提供较为具体且可参考和复制的方法,将所构建的原型应用到具体的设计方案之中进行相关测试,通过测试过程中每个用户的体验、心理、行为、反馈等相关信息和数据进行对比分析,进一步验证模型中相关设计要素是否存在问题,或如何改进所创建的设计原型,为确保方案梳理、通过和验收,这里需要不断重复和更新前期设计的各个环节,这一过程是不断重复的,实际上这属于我们的思维在对前一阶段潜在问题进行聚焦后形成实施方案的过程。在此过程中,思维在发散时,我们要尽可能放开自己的想法和观察视角,详细收集、推敲、调查、分析问题的蛛丝马迹,在问题聚焦时我要集中精力反复去比较、提炼、论证、展示我们的想法和方案。

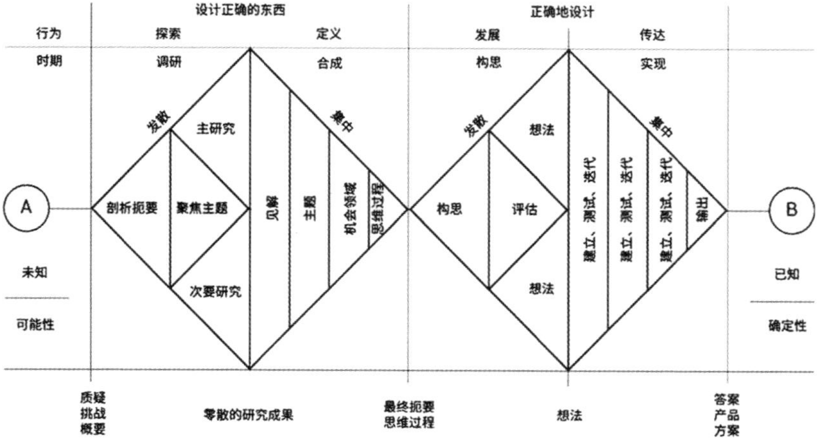

图8:服务设计过程方法论

对于“服务设计过程中双钻石模型”的四个阶段可以概括成双钻石。第一颗“钻石”为探索和定义阶段，即：做对的事情的过程。在此阶段首先要对所设计项目中的问题进行详细剖析，通过对问题质疑的每个部分和评估领域的利益等，尽可能找寻形成问题的各种元素，分析发现各元素的特征及成因后，对其进行归纳总结并界定。大量碎片化的信息、资料和调查结果、经验、方案的呈现是这一阶段的主要特点。然后，以界定好的定义为关键词，根据与关键词相关的周边人物（角色）、环境、事件、实物、时间等再次研究并聚焦形成创意主题，在研究的界定范围内对所要研究的主题进行总览，并再次对所研究的主题从主要研究领域搜集相关理论、文献、实践经验、数据等进行分析和研究，从侧面及其他研究领域、学科、经验等视角找寻支撑主题的佐证材料。最后，经研究小组或团队成员分别对研究的主题阐述各自观点，经多次讨论、整理、归纳后，合并同类意见和建议，确定或否定这一阶段中的研究观点和主题。

第二颗“钻石”为开发和传达阶段，即：把事情做对的过程。在此阶段首先要对前一阶段确定的主题进行大胆而自由地联想，让任何可能发生或不可能发生的事情都要进行大胆地联系在一起进行想象，可以头脑风暴、可以类比、可以对比等多种方式结合去想象并做相应的记录，此过程切忌对自己的想法进行评判。然后，再对自己的各种想法进行总结，通过投票和可行性矩阵等方法最终确定可行的机会点或潜在机会点，经团队多次谈论和筛选后，得出最终的一个机会点或潜在机会点。最后，根据确定的机会点或潜在机会点，进行相应要素的设计、分析、设定等构建原型，对原型进行验证、测试分析，最终找到对最初问题的优解方案。

本研究中提出的花卉栽培社区设计根据英国设计协会服务设计过程的双钻石模型分为探索阶段、定义阶段、开发阶段和传达阶段四个阶段，下面具体分析各个阶段使用的方法论。

1. 探索阶段

发展阶段包括对都市低龄空巢老年人、都市低龄空巢老年人情感需要、都市社区、都市社区为低龄空巢老年人提供的服务现状、都市低龄空巢老年人日常喜好、老年人爱好和兴趣分析、参与社区活动频率、外出活动范围、与子女关系、与往日旧友的联系程度、与邻里之间的关系、国家和当地政府对低龄空巢老年人提供的社会保障、法律法规、政策及组织的相关活动等进行资料收集和现场采访、问卷等，从中找寻与都市低龄空巢老年人的家庭、友情、邻居关系的需求、社区关心的需求以及老年人兴趣爱好相关的各个组成要素，分析社区的服务内容、现有活动、老年人对社区活动的参与度、满意度及其对社区未来建设提出的意见和建议等。另外，要掌握当地政府和社区有哪些有利于社区发展和有利于低龄空巢老年人需求的相关政策和规划等相关内容，进而为当地社区低龄空巢老年人的情感需求设计较为完备且可以复制的服务模式，并制定相应的服务策略。

2. 定义阶段

在定义阶段，对与低龄空巢老年人的感情需求社区相关的所有利害关系者（Stakeholders）相互关系进行分析，并用利害关系者图来表现其关系性。这里所说的利害关系者图是指，为定义服务利害关系者，并总体掌握应该考虑的角色关系而使用的方法。在分析利害关系者的时候，一般分为内部相关者和外部相关者，内部相关者是以董事长、高级管理者、董事会成员、员工/研究者、沟通团队为中心组成,外部相关者则是以决策的制定者、记者、合作伙伴、顾客、潜在职员、潜在合作伙伴、潜在客户等为中心展开,如图9所示。

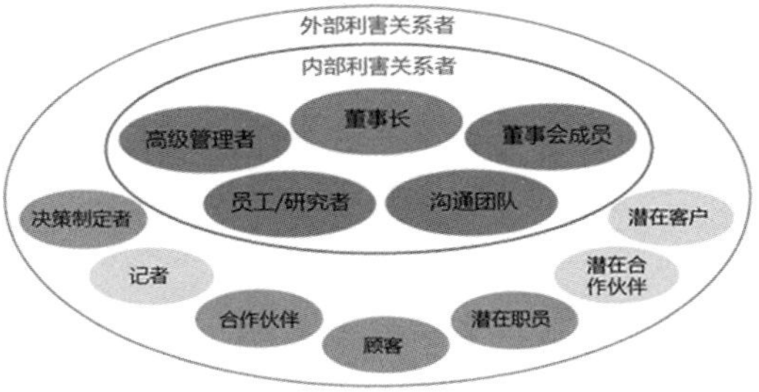

图9:利害关系者图示例

利害关系者图在项目进行时,对理解各自角色和认识与他人关系的细节等方面起着非常重要的作用,如图10所示,它可以帮助我们更好地理解利害关系者之间的相互关系。通过调查、制作目录、图示化、分析四个阶段对具体内容进行剖析,在调查阶段通过现场采访、问卷及相关资料收集和整理中,掌握利害关系者之间的关系和各自所需;在制作目录阶段根据各个利害关系人所关心的事项和他们的动机进行详细分析后,全面细致地考虑如何设计步骤并制定相应的大纲和目录;在图示化阶段,可将各个要素之间的连接关系用视觉形式表现出来,以便参与者快速有效地掌握所需信息;在分析阶段,可以制定利害关系者系统流程,以便在定义服务蓝图时发挥作用。

在对利害关系者的相互关系进行分析后,将内部关系者低龄空巢老年人和外部关系者子女设定为主要角色(Persona)。人物角色是一种通过特定实体进行模仿的特定人群,并以能代表特定目标群体共同利益的方法。人物角色的设置作为一个里程碑,在制作旅程图

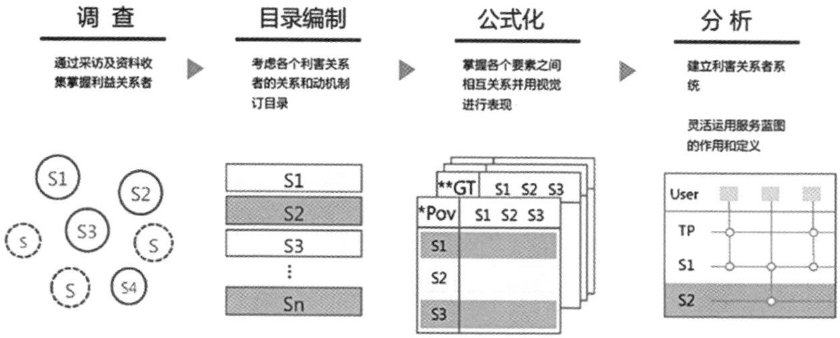

图10：利害关系者图到处的过程[1]

(Journey map)或场景(Scenario)时，通过选择代表性的用户，起到防止讨论过程时议题偏离方向的作用。人物角色分为：分为背景、活动范围、环境，特征、嗜好，想法、关心的事、思考，活动、工作、能力四个部分，如图11所示。

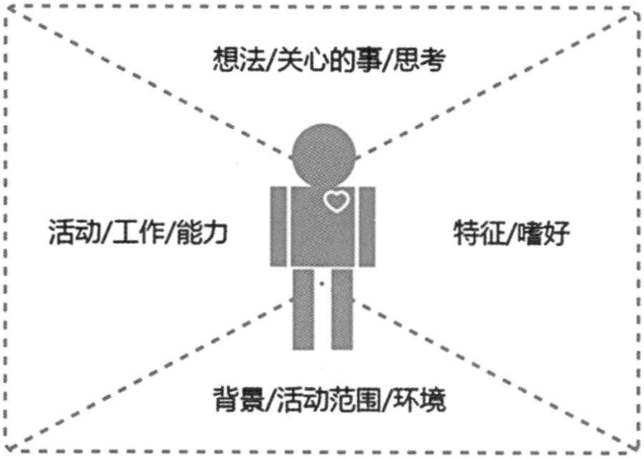

图11：角色设定体系示例

[1] 韩国设计振兴会.服务设计方法论资料.

设定角色之后，对设定人物角色体验的服务的旅程图进行分析。用户旅程图（Journey map）是一种简化了的设计蓝图，它由故事版（Storyboard）演化而来，通过服务、识别主要的接触点（Touchpoints）、辨别供应商的主要行为来描绘用户的旅程过程。即在此过程中将用户按照时间、空间、位移等方式，在服务提供者提供服务的过程中，对用户亲身经历和体验后而获得的情绪和心理变化等进行记录之处，我们称之为接触点。与服务的提供者直接接触的情绪变化之处称之为直接接触点，与服务提供者提供服务之外的利益相关者、产品、环境等进行接触后而产生的情绪或心理反应称为间接接触点。我们将用户在体验服务提供者提供服务的全过程，以故事的形式分别画出用户在不同时间、地点、空间中对服务提供者提供服务或服务之后，所产生的情绪、心理变化进行视觉化记录，并对故事中用户的每一关键反应进行分析和符号化之后，形成用户在服务旅程中的一系列标记，这种将接触点被重点强调，并且接触点中的各个角色之间的交互将会让整个服务过程变得更加切实、清晰和容易理解的同时，也提供了一个可视化的方式来综合考虑各方之间关系的方法称之为顾客旅程图。当一项新的服务细节需要被确定时，顾客行程图常常可以帮助内部利益相关者和外部组织识别现有服务中的问题并且提出优化途径。在服务设计上，可以说顾客旅程图起到了和电影场景相同的作用，通过旅程图可以从用户的角度把握服务的特点。

为了获得旅程图，可以像图12一样继续进行采访、分析、图式化、痛点（Pain Point）提取等过程。具体来说，通过深入的访谈，执行客户使用服务的过程和行为，具体来说，通过深入的访谈执行客户使用服务的过程和行为，依受访者旅程为基础，分析并找寻一系列模

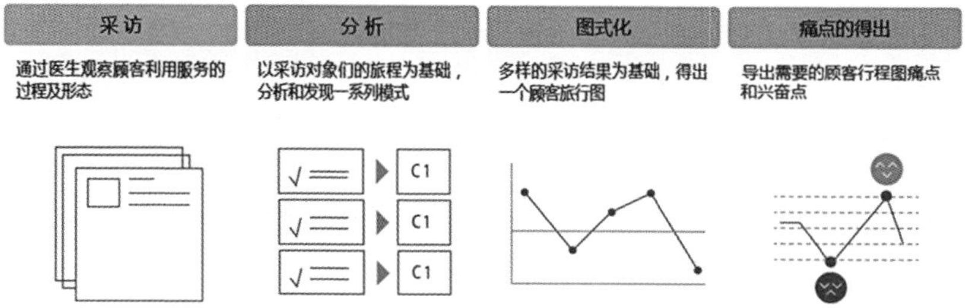

图12：旅行地图的产生过程[1]

式，根据各种采访结果得出一个旅途中具有痛点和兴奋点的旅程图。痛点就是顾客在体验服务过程中感到不舒服的地方，也是服务阶段最迫切需要改进的领域。兴奋点是顾客在体验服务过程中感到愉悦的地方，也是顾客对服务满意的要素接触点。因此，以导出的痛点和兴奋点为依据，生成一个服务构想。

3. 开发阶段

在开发阶段以构思为主，通过专家访谈确定具有高度实用性的服务概念，进行服务品牌化工作。服务品牌是将服务的特点、优势、追求的象征等间接传达给消费者，并通过品牌将能够提供的各种优惠等方面产生的认知度和经历进行资产化。服务品牌的特征是转换费用和信息收集费用较高，风险比实际支出和产品更大，而且持续使用特定商标会得到更好的服务。服务品牌的认知要素包括品牌名称（Brand Name）、符号（Symbols）、视觉呈现（Visual presentation）、色彩（Color）、标语（Slogan）等。品牌识别系统对服务品牌的构建至关

[1] 韩国设计振兴会. 服务设计方法论资料.

重要。品牌识别是指企业想要通过品牌表现的目标形象系统化的概念，能给品牌指明前进方向的一个目标，所有的传播信息都要遵循一定的标准，品牌识别系统的组成可以表示为如图13所示。

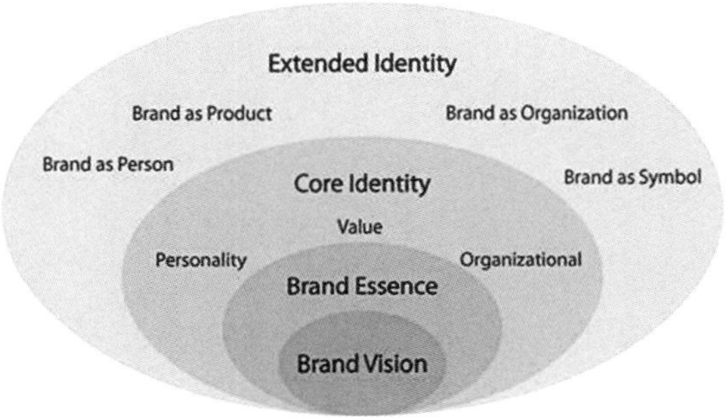

图13：品牌识别系统的构成

确定品牌识别后，建立服务故事，由此确定接触点，并提出设计相关品牌基础和应用项目。

4. 传达阶段

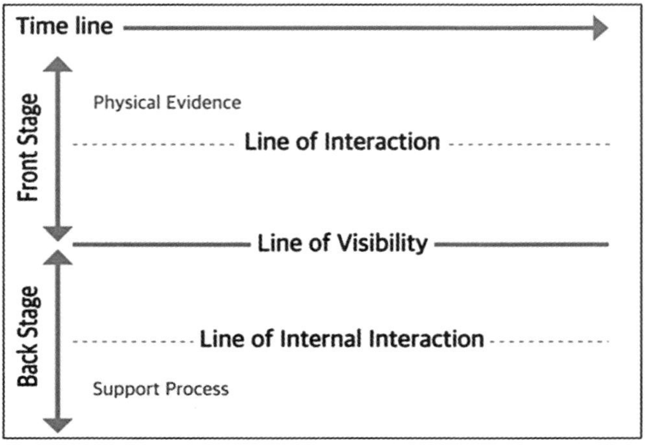

图14：服务蓝图的构成体系

在传达阶段，将围绕利益相关者之间相互利益与前一阶段的所有服务项目为主创建服务蓝图（Blueprint）。服务蓝图是一种为了寻找易于理解服务系统流程和各个环节的可视化方式，为揭示核心服务流程中各利益相关者在服务系统前台和后台行为交互等而使用的一种革新的设计方法，并被广泛应用于各种服务领域。各个核心利害关系者要了解传达服务的整体过程，它包括作者在服务传达过程中的作用以及与服务过程相关的阶段和流向等。服务蓝图的构成要素大致分为前台（Front stage）的可视化领域即客户部分和后台（Back stage）的非可视化领域即服务组织部分。具体包括交互作用线（Line of customer interaction）、可视化利害关系者、可视线（Line of visibility）、非可视化利害关系者、内部交互作用线（Line of internal interaction）、支援系统（Support process）等（如图14所示）。这里的支持系统是服务提供方内部隐藏系统和与人力资源相关的基础设施等相关部分。

通过服务蓝图表现各种利害关系者的相互作用，可视化地表现为服务原型。所谓服务原型是指开发服务时，为了模拟服务而实际体现、亲自体验的方法论。服务经验或服务原型一般包括以服务设计图中定义的服务瞬间为基础制定场景，以及根据这些情况分工扮演顾客和利害关系者的角色。通过服务原型，用户可以根据服务流程实际了解所体验到的感觉。

利用服务蓝图和原型设计这两种表现物，与各相关者一起通过会议或采访进行设计评价。这种过程被称为共同创造（Cocreation），它是服务设计哲学的核心方面。在服务设计过程中以顾客为中心，不仅存在一个顾客阶层，还面临多个阶层，包括顾客需求和期待的现实。本研究不仅包括社区工作人员、志愿者、邻里、老年人、技师、老年人子女等各种利害关系者。通过这样的过程,在实际项目开始之前,所有利害关系者都会有自己亲自参与的实感,或者在项目实施期间,可以充分发挥所有利害关系者的作用,实现他们之间顺利的相互作用。

第三章　为满足都市低龄空巢老年人情感需要的社区服务现状

第一节　都市低龄空巢老年人的现状

一、影响都市低龄空巢老年人情感需要的主要原因

人生活质量的高低取决于情感需求满足的程度。因此，为帮助低龄空巢老年人获得更多的情感，就要先了解影响城市低龄空巢老年人情感需求的主要原因和导致的结果，及其具体表现。对于目前中国城市低龄空巢老年人而言，影响他们情感需求的主要原因有：

1. 计划生育政策的实施

20世纪80年代开始实施和普及的计划生育政策是低龄空巢老年人情感需求不能满足的重要原因。

目前我国独生子女家庭比重较重，家庭结构开始呈现“4-2-1”的模式，其中的“2”，家庭的主力军，是20世纪80年代和90年代初出生的孩子，如今已经工作结婚甚至孕育了下一代“1”，工作的压力和孩子的出生，生活中心开始从自己与父母转移到自己与孩子。“4”的年龄多介于50~65岁之间，已经步入或即将步入老年，生活经历和工作经历赋予他们积极的心态和对于新事物的接纳理解的能力。儿

女基本从大学开始就离开自己身边，到其他地方求学读书谋求事业发展，一定意义上讲，从这个时候起，家庭就进入空巢期。

计划生育政策的实施和普及是低龄空巢老年人情感需求不能满足的重要原因。在20世纪70年代，我国开始全国范围内实行计划生育政策，明文规定一个家庭只能生一个或两个孩子，这种硬性的规定迅速削减了家庭的规模，“4-2-1”倒金字塔的家庭模式逐步遍布我国各个地区。而20世纪70、80年代出生的小孩如今大都成家，由于少有或没有兄弟姐妹，因此婚后的他们没有能力顾及双方老年人的生活，至少一方的父母沦为低龄空巢老年人成为必然的结果。

2. 家庭结构小型化的形成

家庭结构和功能的变化是低龄空巢老年人产生孤独、无助的先决条件。家庭作为社会生产以及社会交际的单位，其呈现方式多为联合家庭。伴随着现代化的进程和工业经济的发展，很多子女结婚之后开始与父母分家，另立门户，核心家庭越来越多。逐渐地，当所有的子女都脱离父母成立小家庭之后，原来的家里就只剩下年迈的父母。

3. 都市的扩大化

工业化和城镇化的发展是老年人空巢和情感缺失产生的客观条件。20世纪 70年代，我国开始实行改革开放的政策，这一政策很大程度上推动了我国工业化和城市化的发展，同时也为人们的生活提供了更多的便利和发展空间。很多年轻人为了将来能够过上更好的生活，背井离乡，涌进梦寐以求的大城市。而最终在老家只留下了鬓发苍苍的老年人，因此，只有老年人的空巢家庭也就产生并普遍发展开来。

4. 老年人的退休

退休是低龄空巢老年人情感严重缺失的重要推手。退休老年人心理落差较大，把自我生存价值扔置在危机中。当代社会的生活节奏越来越快，人们的物质生活水平不断地提高，新兴的事物不断融入人们的生活当中，这无疑使老年人对现有的生活状态感到迷茫。当原本在工作岗位上忙碌的老年人面临退休这一关口时，他们的心理会有很大的落差，认为自身对社会失去了价值、被社会所抛弃，从而产生自卑感和孤独感，尤其是独居的老年人，即老年丧偶者。在这样的生活状况下，老年人常常回忆过去，感叹今非昔比，对自身的存在意义和生活意义产生模糊感和困惑感，经常把自身扔置在自我生存价值危机当中，从而对生活失去了原有的目的和追求。多数老年人会感到活着是多余的，没有意思，失去了生存的意义，这样就陷入绝望的深渊，意志消沉，严重影响到老年人的精神状态，这样的老年人对生活没有追求，容易萌生被社会遗弃的失落感。这使得老年人对情感需要更为迫切，需要子女给予更多的精神关爱，同时也需要更多的社会支持与关注。

5. 老年人的健康状况

老年人健康状况是影响老年人情感需要的关键因素。因为老年人自身生理机能衰退是一个自然现象，而生理机能衰退使老年人身体抵抗力下降，因此容易患各种疾病。只有在老年人身体状况处于健康和良好的状态下，才可以进一步追求高一层次的情感和精神需要，才可以实现自我价值的需要。

老年人感官上的衰退使得自身不能够精力充沛；视觉上的衰退

和听觉上的衰退，使得他们在公共场合受到歧视、冷漠和排挤。如果老年人的自尊心受到伤害，那么就很容易产生消极心态，导致老年自杀和老年犯罪。这种种的不良行为，都体现了生理机能的衰退，很容易导致情感缺失。

除此之外，由于自身生理机能的衰退，老年人自然会想到死亡，那么自然而然地会产生消极心理。精神上萎靡，使得老年人很容易产生恐惧感和害怕的心理。在实际生活中，他们所接触到的老年朋友越来越多，当看到身边的老朋友相继离去时，自然会想到自己也有死亡的一天，从而萌生恐惧的心理，孤独、害怕、烦躁不安，因此，在老年人的生活空间里，他们需要子女们或亲戚朋友们有更多的陪伴时间，来填补内心上的恐惧感，使自身的情感能有很好的寄托场所。

大多数的老年人由于自身的身体条件限制，而没有精力去维权，有的认为已经习惯了无奈接受，仅有一小部分老年人能够向相关部门伸张自己的权益。对于家庭内部不尊老、不敬老的行为，老年人更是出于“家丑不可外扬”的心理讳莫如深，有的内心不满而嘴上不敢说。有的子女不赡养老年人甚至虐待老年人已经构成犯罪，有的对老年人冷淡、辱骂构成家庭“冷暴力”，老年人也都默默忍受。有的老年人除了养育子女长大成人，供养读书外，还要为子女买房子、娶媳妇，为了子女成家立业倾尽所有，最后导致自己寄居在子女家中，这样相当于将养老的赌注全部放在了子女身上，一旦发生子女不赡养问题，不但老年人的物质生活得不到保障，精神也会遭受沉重的打击。

在养老问题上，老年人普遍缺失自我保护意识。尤其是精神赡养方面，不同于物质生活的“显性”，精神赡养的质量多是“隐性”体现的，老年人到底是不是真正的快乐，只有他们自己知道。这方面不易被人所察觉，如果老年人自身再缺乏自我保护意识，就很容易造成权益受损无法维权，情绪压抑无处申诉，需求也得不到有针对性的解决。

这些原因必然导致：第一，当下中国都市大部分低龄老年人丧失子女的陪伴和照顾；往日可以交流倾吐心声的旧友数量逐渐减少。第二，城市退休老年人工作的角色丧失，老年人不能快速适应空闲无事可做的新的生活方式；退休后的老年人也不能很快地适应从供养角色到被赡养角色的转变；第三，因老年人的感觉器官、效应器官、智能和其他机能的减退，老年人的身体健康逐渐丧失。第四，伴随生理机能的减退和子女长大成人，老年人心理也很容易出现老化，进而很多老年人不再给自己设定新的目标和更多的期望。

二、导致都市低龄空巢老年人情感需要的结果

（一）老年人的身体健康状况开始出现问题

因人的感觉器官、效应器官、智能和其他机能的减退，老年人的身体健康逐渐丧失。

人体是一个追求安全的有机体，人的感觉器官、效应器官、智能和其他机能都是寻求安全的工具。当人到了老年期，各种器官开始出现老化现象，人原本固有的一些机体功能逐渐减弱甚至丧失。譬如，老年人体能下降、感知觉迟钝、记忆力变差等。另外，人到老年，各种疾病的发生率也比别人高很多。例如，老年人患慢性病的几率是其他人群的2.5倍至 3 倍，并且骨关节病、心脏病、慢性支气管炎、脑血管病和高血压等慢性病的发生率也增加很多。

健康问题是任何人在老年阶段都会遇到的现象。但对于老年人来说，当面临日常的生活行为必须借以拐杖、老花镜等辅助物，还要承受各种疾病带来的痛苦时，他们对“健康状况下降”所带来的惨痛后果不得不感到害怕和恐慌。

现行的很多应对措施，如医疗服务，对老年人的身体状况定期检查，良好的老年医疗保险体制对健康问题的缓解都有很大助益，积极心理和情感需求的良好满足对健康的帮助更是显著。

（二）老年人的身体情感开始出现问题

1. 都市低龄空巢老年人的亲情需要

对于老年人来说，亲友的离开会给他们带来较大的孤寂与担忧。首先，子女的离开身边。随着子女的长大、成家并远离父母，老年人便逐渐沦为空巢一族。子女的离开完全瓦解了传统的家庭功能，也给老年人对传统家庭的期待造成了非常大的冲击。在每个中国人传统的思想里有一个根深蒂固的观念，即养儿防老。年轻时，他们把一生所有的精力和时间都花在子女身上，把一生所有的感情与爱也都寄予子女身上，并希望晚年能享受“儿女满堂、子孙绕膝”的天伦之乐。然而事实有悖，子女的离开使得老年人所有的期待变得渺茫，原始最美好的心愿难以实现，孤单寂寞就会伴随而来。

其次，配偶的死亡。在传统的家庭中，配偶的丧失对老年人的打击非常大。但是配偶的死亡是早晚会发生的事情，任何人都无法逃避。俗话说“少年夫妻老来伴”，配偶是从家庭成立以来一直陪伴着自己的人，夫妻之间相互扶持的生活过程中培养了深厚的情感，一旦配偶一方死亡，这种丧失会给老年人的生活带来极大的打击以及心理上极大的失落。

再次，朋友的离去对老年人产生影响。昔日的好友因为退休或迁居和自己联系渐淡，共同的经历不能随时分享，共度的时光今后不能在一起度过，会给老年人带来情感上的缺失。

2. 都市低龄空巢老年人的友情需要

朋友在人际关系交往中扮演着重要的角色，人们在相互的交往过程中增进彼此之间的友谊。他们属于同一类人，能够很好地避免由于性格原因造成的沟通问题。但是这些随着老年人年龄的增长，身边的老朋友相继离世，自己的玩伴也越来越少。久而久之，老年人的情感得不到很好的寄托，难免会感到脱离了社会，产生失落感。

3. 都市低龄空巢老年人的邻里情需要

俗话说："远亲不如近邻"，良好的邻里关系不仅有利于人们的生产活动以及人的社会化，而且对邻里之间的情感沟通起到了很大的促进作用。邻里既是非正式的地缘性群体，又是情感性群体。都市老年人子女不在身边，加之城市化后邻里来往减少，老年人很少与外界打交道，因此社区内的邻里就成为社区的自然基础和中间环节，他们是老年人日常接触和交往的最多人群。低龄空巢老年人经常与邻里交流或互相参与到对方的喜悦和悲伤之中，不仅可以消除寂寞、郁闷、失落等不良情绪，还可以在彼此之间遇到困惑时给予关爱和支持。但是由于城市建设进一步完善以及人与人之间社交方式的改变，新的邻里关系以及人与人之间的交往变得更加淡漠，导致城市老年人在情感生活方面存在不同程度的问题，对老年人的生活满意度造成了较大的影响。

4. 都市低龄空巢老年人的社区/社会情感需要

解决低龄空巢老年人的情感支持问题，除了要加强老年人与亲属、邻里和朋友之间的互动外，社区也发挥着重要作用。社区需要对低龄空巢老年人这一社会弱势群体引起足够的关注，一方面要经常看望比较困难的低龄空巢老年人，另一方面要优化社区里的文化娱乐设施，通过举办各种有益于老年人身心健康的活动，使得老年人的生活更加充实，满足他们的文化娱乐需求。

（三）老年人的角色开始出现问题

角色变化的心理落差。首先，工作者角色的丧失。在人生的长河中，每个人在每个阶段都会扮演不同的角色。工作是人的第一需要，是体现人的自身价值、充实精神和物质生活的实践活动，是自我实现的手段。当劳碌一生的老年人脱离工作之后，本可以享享清福了，这应该是一件令人高兴的事情。但事实上，当真的脱离了工作环境，改变了几十年来养成的行为模式和生活习惯，他们也失去了自我实现的需要和生活的目标。很多老年人退居二线之后，会出现孤独、失落、空虚、抑郁、焦虑等不同程度的情绪，难以适应。其次，家庭供养者角色的丧失。对于老年人来说，脱离劳动或工作的前线，自然也就意味着自己丧失了劳动收入，并由原来的家庭供养者变成被赡养者，这一从“供养”到“被赡养”的骤然变化会使老年人的自我感觉急剧变差。我们经常会听到一些老年人说“现在年纪大了，没什么用了”这类话，老年人的这种表现一定程度上说明了劳动角色和供养者角色的丧失对他们生活和情感的打击。

（四）老年人的理想开始出现问题

古人讲：哀莫大于心死。伴随着生理的衰退，心理也很容易出现老化，对于老年人来说，这种心理的老化是非常令人害怕的，他们原先生活两个最大的目标：一是将子女养大成人、工作有所建树都已完成，二是生活进入老年阶段，生活节奏还未调节好，暂时没有建立也较难建立新的生活目标，处于一个迷茫期。

子女离开家庭，老年人进入空巢期后，一部分老年人已经居住在自己长期稳定的住所里，几乎不会再搬迁。也有近五成老年人，会在空巢期初、中期搬入新的居所里、新的社区，接触新的生活环境。主要有两种情况：一是为给老年人安度晚年，子女或老年人自己准备了新的宜居居所，这种情况下老年人依然生活在原来的城市，对于新社区的适应方面主要是新的邻里关系、新的社区文化的适应；二是老年人迁居到子女所在的城市，单独居住，这种情况下老年人需要适应更多，包括语言、饮食、生活习惯、文化的差异，会体现出更大的适应困难。新的生活环境会带来更大的生活期许，包括新的生活状态、新的兴趣培养、新的活动、新的朋友等。

三、都市低龄空巢老年人的情感需要

面对缺少子女、亲友的陪伴；面对一家之主角色的变化；面对身体机能的衰退和老年人对生活目标和方向的丧失，以及面对着各种资源，低龄空巢老年人的心理防线被打破，情感脆弱的一面表露无遗。具体表现如图15所示。

1. 安全感的需要

伴随身体机能的下降，以及缺少子女陪伴照顾的低龄空巢老年人，在生活中不仅缺少情感寄托，在其内心也缺少安全感，对外界任何信息和事物不敢轻易相信和接近，他们渴望子女在身边给予引导。

身体状况的下降以及子女的离开，生活中的一切事情几乎都要由低龄空巢老年人亲自来处理和应对。生活的艰难使得老年人感到很无力、焦虑，但却无可奈何；面对社会上的一些不良现象和传闻，老年人更加多疑、害怕，他们开始不相信也不敢接近任何人、任何事，戒备心理极强。

一是心理安全需求，这一需求是对外界环境基本反应的本能需求，心理安全是身心健康发展的保障。二是情感寄托需求，对于儿女交流的淡化，对于往昔岁月的回忆都需要找到一个寄托的载体，才能带动更大的生活能量，同时对于现在生活的记忆也将是对未来生活的铺垫。三是信息安全需求，对于千变万化的世界和真真假假的信息，期许能得到判断正误的标准。四是引导需求，从安全感需求的实现方式上，它不能完全避免不安全因素，因此应该因情况引导，来判别不安全因素，舒缓不安全因素带来的紧张感。

2. 归属感的需要

长期空巢不与子女居住的老年人，家庭参与感降低；离开工作岗位后与组织和社会的交往脱离，且在新环境下很难找到可以倾诉心声、分享日常生活琐事的交流对象。

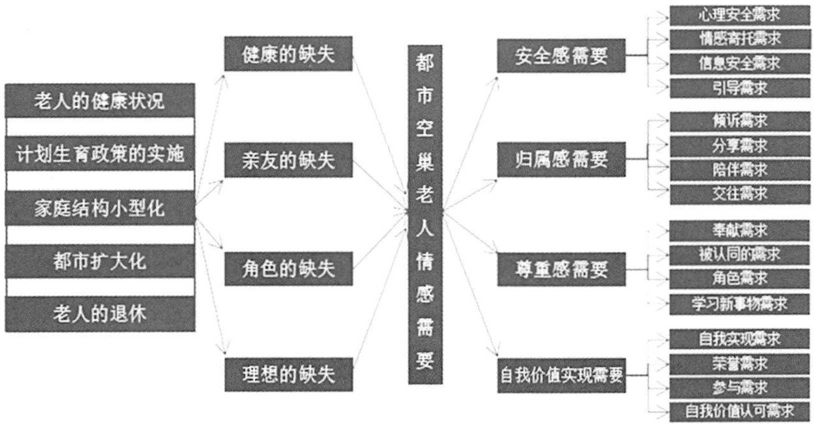

图15：都市低龄空巢老年人的情感需要

所谓归属感，是指被别人或被团体认可与接纳时的一种个人主观感受；在佛洛姆（ E. Fromm）理论中意指心理上的安全感与落实感。这里的归属感是两个层面的理解。第一层面是家庭归属感，是一个多维度的体验，低龄空巢老年人不与子女居住在一起，家的感觉是人烟稀少，家庭成员之间的交流感缺失，低龄空巢老年人对整个大家庭的参与感降低。第二层面是社会归属感，离开工作岗位后，自身角色一时难以适应。与原有的单位群体组织和社交组织的脱离，未能找到一个舒缓内心想法的环境，对于社会的贡献值极速降低也使得自我认知空虚。

归属感需求首先表现为倾诉需求。对于子女的担忧和思念的倾诉需求，对生活中事件看法的倾诉需求，对烦恼和忧愁的需求，对过往事情回忆的倾诉需求。倾诉可以缓解心理压力，倾诉与聆听这一互动行为也可以拉近人际关系，融入新的团体。倾诉会给人带来积极的情感反应，得到支持和理解，得到接纳和认同。二是分享需求，分享生活经历的需求，分享自身成功的需求等，分享会带来更多的自身价值认同。三是陪伴需求，陪伴是老年人最直观的需要，包括子女同伴的贴身陪伴、有纪念性的事物的陪伴。四是交往需求，对于融入一个集体的渴望会带来交往需求，这里分为主动交往和被动交往，一部分老年人社交活跃，会主动地参与到社区集体活动中来，也有很大一部分老年人渴望交往却难以主动走出第一步，需要有人、组织或者平台去引导他。

3. 尊重感的需要

美国著名的哲学家约翰·杜威（John Dewey）教授认为，人类本性里最深的冲动是“成为重要人物的欲望”。即对自重感的追求，自重感包含两个方面：自尊和自重来自他人的尊重。首先，从自尊方面来讲，当人步入老年，脱离工作生产劳动，经济主导地位也被取代。每天看到亲人、邻居忙忙碌碌，回想自己以往充实的劳作生活，对比当下的无所事事，老年人也只能无可奈何，并产生自卑、觉得自己无用的心理。其次，老年人是一个很敏感的群体，他们很在乎别人对他们的看法，并非常希望得到别人的认同和尊敬。由于时代的发展，老年人一直固守传统的观念和生活方式，受现代化和社区化影响的年轻人就会接受不了父母传统的方式方法，甚至认为他们顽固不化、倚老卖老。得不到后生的认可和尊重，老年人会有种被排挤、被冷落的感觉。

自重感需求首先是角色的需求，社会角色和家庭角色的变化，低龄空巢老年人对新的角色定位需要并期待，在社区中的角色，在社交团体中的角色，在家庭中的新的角色定位，都有不同程度的需求。二是参与需求，在有角色定位后，会产生如何参与、参与程度的思考，心态越积极的老年人参与程度越高，同时每个人的参与性会互相影响，呈现一个团体螺旋上升的积极趋势。三是奉献需求，参与式的体验和角色的深入，会激发人们的奉献需求，特别是老年人，经历了丰富的社会实践后，需求一个社会奉献值的延续，在社区生活的参与中，希望能将自身的经验积累付出在社区活动中。最后是被认同的需求，在前三者的基础上，就期许他人对自己的角色担当认同，对自己的奉献价值认同。

4. 自我价值实现的需要

价值感缺失。大多数老年人习惯用他们固有的传统思想和经验知识把自己保护起来，排斥新知识和新思想，这不利于老年人接受新知识和新事物，也不利于老年人实现自我价值。

中国有句俗语："人过三十不学艺"，受这种传统思想的影响，多我国绝大多数老年人对学习新的知识没有太大的欲望，甚至用他们固有的传统思想和经验知识把自己保护起来，排斥新知识、新思想的侵入，而这完全是有悖于社会以新换旧的发展趋势的。因此，像这种旧思想比较严重的老年人想在新时代发挥自己的潜能，实现自己的价值，显然是不可能的。古话说得好，“老骥伏枥，志在千里。烈士暮年，壮心不已。”虽然很多老年人因身体原因退出劳作生活，但他们一直保持一种“人老心不老”的积极精神，加之丰富的生活阅历以及长久以来积累的劳作经验，他们期待能够将自己剩余的力量发挥出来，实现自己的人生价值。然而，由于传统观念的影响，人们一直以来的观点是老年人所要做的就是吃好、喝好、休息好，而忽视他们潜在的价值，因此，老年人自我实现也就无从谈起。

一是新事物的学习需求，随着社会的发展，活到老学到老的精神促使老年人不断接触新知识，但是接受的程度会较慢，儿女或孙辈对其的影响很大，比如说互联网社交工具的使用，就是与不在身边的儿女使用网络视频或语音聊天，老年人体验到便利和沟通的美好，而开始对互联网产品产生浓厚的兴趣。二是自我实现需求，对于自身积累的技能和新学习到的东西，期许有一个展示的机会或平台。三是荣誉需求，荣誉方面的肯定会鼓励和激励低龄空巢老年人去参与到丰富的生活中去，也是对人生这个时期的阶段性总结。

第二节　社会与社区对都市低龄空巢老年人的情感支持

一、社会对都市低龄空巢老年人的情感支持

为了积极应对老龄化社会，让老年人更好地安度晚年，我国政府

早在1999年刚刚进入老龄社会后，便于2000年出台了《中共中央、国务院关于加强老龄工作的决定》，并要求全国各省、市、自治区等全面进行学习，此次学习仅属于普及性宣传，并没有将老龄化问题形成法规政策。此后，随着我国老龄化的进一步加重，我国政府先后颁布了中国老龄事业发展“十五”规划、“十一五”规划，并在2012年和2015年两次对1996年颁布的《中华人民共和国老年人权益保障法》进行修订，确立了“居家为基础、社区为依托、机构为支撑”的养老服务体系，明确了我国养老原则，奠定了养老国策，老年人的家庭赡养、社会保障提供强有力的支持。2008年，国家发布了《关于全面推进居家养老服务工作的意见》，提出了坚持政府主导、社会参与，积极推动居家养老服务的任务。2011年12月国务院办公厅又颁布的《社会养老服务体系建设规划（2011—2015）》中对我国社会养老服务体系进行了政策表述：即社会养老服务体系是与经济社会发展水平相适应，以满足老年人养老服务需求、提升老年人生活质量为目标，面向所有老年人，提供生活照料、康复护理、精神慰藉、紧急救援和社会参与等设施、组织、人才和技术要素形成的网络，以及配套的服务标准、运行机制和监管制度[1]。《“十三五”国家老龄事业发展和养老体系建设规划》对我国社会养老服务体系建设提出了居家为基础、社区为依托、机构为补充、医养相结合的养老服务体系更加健全，养老服务供给能力大幅提高、质量明显改善、结构更加合理，多层次、多样化的养老服务更加方便可及的发

[1] 中央政府门户网站[EB/OL]. http：//www. gov. cn/zwgk/2011-12/27/content_2030503. htm.

展目标[1]。政府所提供的社会支持基本围绕着老年人的物质生活，对于精神层面的专项支持比较缺乏。

2015年4月24日开始执行的《老年人权益保护法》第二章第十八条中强调“家庭成员应当关心老年人的精神需求，不得忽视、冷落老年人。与老年人分开居住的赡养人，应当经常看望或者问候老年人。用人单位应当按照有关规定保障赡养人探亲休假的权利”[2]。同时要求家庭成员必须重视低龄空巢老年人的情感需求，否则老年人可依法对家庭成员进行诉讼。老年人的情感需要和精神慰藉不仅是子女的义务，也是应对人口老龄化时期国家和社会的责任，这一规定不仅强化了子女的陪护责任，更是对老年人精神需求的重视与保护。从文字表述上老年人似乎有了法律保证，但是该保护法并没有具体提及家庭成员应该受到那些方面的具体惩处等内容。该条款中虽然提到了赡养人有探亲休假等权利，但没有对用人单位给予任何法律限制和明确责任，所以该条款无法成为实施依据。

随着我国老龄化形势越发严峻，养老已经成为我国聚焦的战略问题。2016年5月27日习近平总书记主持中共中央政治局会议，专门就我国人口老龄化的形势和对策进行了研究，并做了重要讲话，2017年10月18日习近平总书记在中国共产党第十九次全国代表大会报告中指出“积极应对人口老龄化，构建养老、孝老、敬老政策体

[1] 中华人民共和国中央人民政府网http：//www. gov. cn/zhengce/content/2017-03/06/content_5173930. htm.

[2] 中华人民共和国中央人民政府网http：//www. gov. cn/jrzg/2012-12/29/content_2301597. htm.

系和社会环境，推进医养结合，加快老龄事业和产业发展”。细读这些法规、报告和讲话等内容，不难发现，我国当下在解决养老问题中依然停留在宣传、修改、制定阶段，在实施方面大部分都是围绕改善老年人生活水平、生理需要和就医等方面进行的，而对改善老年人情感需求方面的法规依然是2016年7月1日开始实施的《老年人权益保护法》。

该保护法第十三条“赡养人应当履行对老年人经济上供养、生活上照料和精神上慰藉的义务，照顾老年人的特殊需要”，同样也无法成为具体实施的依据。现今我国都市年轻人正承受养家、工作、学习等巨大的精神和经济压力，自然不能满足父母情感需求和精神慰藉。特别是都市低龄空巢老年人往往被家庭成员忽视，或承受家庭冷暴力，或节假日无人问津等问题，依然没有得到有效解决。我国目前针对老年人权益保护法并没有明确赡养人和被赡养人之间的法律责任，对违法行为没有明确的约束和惩戒规定。

二、都市社区与低龄空巢老年人情感需要的关系

社区为了保障社区居民的健康和文化性的生活而执行多样化的功能。低龄空巢老年人作为社区服务的重点对象，社区通过社会统合功能和互助功能来满足低龄空巢老年人的情感需求成为社区实施相关工作的重要理论依据。Gilbert和Specht认为社区有五种功能，即：社会化功能，生产、分配、消费功能，社会制约功能，社会统合功能和互相帮助功能。这其中，社会统合功能和互相帮助功能最能体现社区与居民之间所形成的共同体与个体的关系。

社区的社会统合功能是形成成员之间正式的共感带，它意味着通过同质性的意识强化成员的归属感。归属感和凝聚力因为社区的组织而形成社区内外相互协作的构造关系，通过社区居民自发性参与,社区服务得以强化。成员通过积极参与并且以全体性的活动来实现社区的正常的运营和成长。互相帮助的功能是社区居民不求回报地支援有困难的社区成员的功能。它是社区福利的核心活动,它强调互相给予帮助的过程中所形成的社会连带性。

作为老年人,既是社区实现统合功能和互相帮助功能的对象,又可以成为自发性参与服务他人和社区的主体。作为高龄老年人和因健康状况不好而行动不便的老年人,由于身体机能的退化,需要得到他人的照顾,因此,这一部分老年人是社区实现统合功能和互助功能进行服务的对象。而另一部分低龄和健康的老年人则有能力并希望参与到社区的各项活动,以及可以提供对他人的帮助。“老年人希望利用业余时间做一些对社会有意义的事情,对于那些精力充沛、社会活动能力强、身体健康且具有较高水平的老年人在退休后找不到可以有效发挥自己特长、才能和经验的工作,这对个人和社会来说不能不说是一个巨大的损失。”对于老年人来说,“为了能够让他们更好地适应在老龄化过程中产生的身心功能的变化,帮助老年人克服因衰老而造成老年人心理和情感上的孤独、寂寞等不良情绪,有必要通过社会力量帮助老年人进行相应的活动释放负面不良情绪。”老年人一般在退休之后会有大量的余暇时间,合理地将老年的业余时间利用起来,让他们自发性地无偿提供自己所拥有的才能、技术、物质等投入到活动之中,最终获得自我价值的实现。这不仅可以让老年人通过活动融入社会,也可以解决老年人远离社会而产生孤独感和寂寞感,进而使老年人的晚年生活更具有价值感和存在感。这既有利于社区和邻里的活动,也有助于老年人自我价值的实现。由于低龄空巢老年人的情感需要和心理上需求不能得到满足,所以老年人心里经常会产生不同程度的失落、孤独和无助等不良情绪，主要表现为维持和恢复主观心态平衡，实现充实、满足和尊严而引发的一种渴求状态。除了老年人生理衰老的因素之外，因老年人日常生活中所接触的社会环境和生活环境等外界条件发生变化时老年人主观心态的失衡也是主要的因素。其社会环境发生变化主要表现为与社会活动的渐渐疏远。而社区可以通过发挥其功能，组织低龄空巢老年人自发性参与各类活动，并且形成社区内低龄空巢老年人与其他居民相互帮助的社会关系。通过这样的方式，使低龄空巢老年人能在社区内产生自己的价值，使低龄空巢老年人能成为社会活动的主体，最终有效解决低龄空巢老年人情感交流不足而造成的孤独感，给低龄空巢老年人带来心理上的安定感，形成自尊感，并且，利用这样的低龄空巢老年人的力量，在社区活动中发生互助作用，有利于社区居民为建设社区做出贡献，并且可以制造和构成具有再生力的契机。

三、社区对都市低龄空巢老年人的情感支持

面对中国城市低龄空巢老年人缺少子女陪伴和照顾，缺少亲友、邻里之间交往已成事实的局面，社区必须承担帮助低龄空巢老年人解决情感需求的问题。从老年人实际需求和他们的日常兴趣爱好出发，社区可以为老年人建立兴趣参与团队，通过共同参与协助合作等方式，促进老年人与邻里之间交流的渠道和机会，弥补亲情缺失的不足。社区通过设计有新意有特色的活动，支持低龄空巢老年人建立新角色，弥补退休后被动的情绪变化。通过社区开展持续稳定的，又能刺激老年人可以实现自我价值的活动，协助支持老年人发挥余热，为社会创造一定价值，弥补过去时光的流逝。本研究针对城市低龄空巢老年人，从不同角度提出了相应的情感支持方法，帮助老

年人解决缺少子女陪伴、缺少旧友交流，和邻里来往频率低的问题，如图16所示。

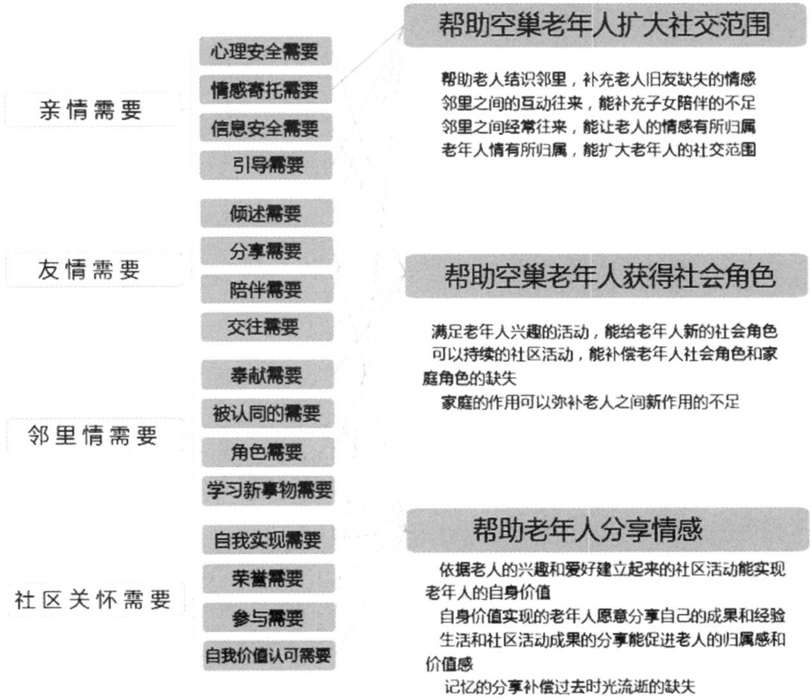

图16：社区对都市低龄空巢老年人情感的支持

（一）帮助低龄空巢老年人扩大社交范围

现在中国老年人缺少子女陪伴和沟通已经成为不可逾越的现实，亲情陪伴和沟通的缺失也已成为城市低龄空巢老年人面对的实际状况。帮助刚刚离开工作岗位的低龄老年人扩大社交范围，是社区工作的首要任务，通过组织社区成员参与社区活动，促进邻里之间的交往，让低龄独居老年人在活动中学习和寻找适合自己的互动位置，在相互帮助中结交新的朋友。

1. 帮助老年人结识邻里，补充老年人旧友缺失的情感

退休和城市扩大需要而搬迁新社区的老年人，往往都会失去往日的老朋友或老邻居，老年人的情绪和心理会受到不同程度的影响。社区可以组织集体活动促进社区内老年人彼此之间相互认识，通过让老年人做共同爱好的事情，增加老年人彼此之间的了解和信任。对于低龄空巢老年人社区更应该协助他们在活动和学习中寻找适合自己的互动位置，在相互帮助中结交新的朋友，补充缺失旧友的情感需求。

2. 邻里之间的互动往来，能补充子女陪伴的不足

良好的邻里关系不仅可以让空巢老人之间逐渐了解彼此的生活，还可以让老年人在共同参与的活动中进行语言和行为上的互动，进而促进老年人之间互相理解和相互鼓励，在彼此相互倾诉心声时排解内心的忧伤和孤独，让老年人心有所归，补充老年人缺少子女陪伴和照顾的亲情所需。

3. 邻里之间经常往来，能让老年人的情感有所归属

老年人与邻里之间经常往来，会转移老年人思念子女和旧友的情绪，社区的活动项目和内容不仅可以丰富低龄空巢老年人的情感世界，还对低龄空巢老年人的情感归属和补充起着较大的影响。

4. 老年人情感有所归属，能扩大老年人的社交范围

老年人情感一旦有所归属，他们就会经常走出家门，主动参与社区的活动，愿意结交更多的朋友。

（二）帮助低龄空巢老年人获得社会角色

1. 满足老年人兴趣的活动能给老年人新的社会角色

社区老年人之间的活动以及老年人与中青年人之间的互动，

特别是通过社区老年人服务，有目标有计划地引导老年人形成符合他们自己的角色定位，可以在很大程度上补偿老年人工作角色的缺失。

2. 可持续的社区活动能补偿老年人社会角色和家庭角色的缺失

社区为低龄空巢老年人进行有规划、可持续的服务，不仅可以建立低龄空巢老年人之间的角色，还可以形成以积极带动亚积极、主动带动被动的情绪调整状态。主动者会有一个照顾方的角色体验，等同于对儿女的照顾感受，被动方会通过一定周期的调整，达到良好的心态转变为主动的角色。另一方面，每个人的特点优势不同，会各自发挥所长，互帮互助，是一个大家庭相互扶持守望相助的状态。

（三）帮助老年人获得情感分享的喜悦

1. 依据老年人的兴趣和爱好建立起来的社区活动能实现老年人的自身价值

社区不论组织什么样的活动，都应该围绕老年人的兴趣和爱好，这样才可以激发老年人的热情，也能体现社区对老年人的尊重。具有尊重感的老人往往愿意主动实现自我价值，此时的社区如果能结合老年人的特长，为其提供相应的工作或任务，老年人很可能为社区创造更多的经济价值和社会价值。

2. 自身价值实现的老年人愿意分享自己的成果和经验

分享是感情释放和情感关系建立最有效的途径之一。老年人一旦感到自己有可用之处，且自身价值能够得到认可或实现，老年人会毫无保留地将其经验和成果分享给周围的朋友和邻居。在其带动之下，社区可以考虑进行经济创收，更好地为社区内的老年人提供优质服务。

3. 生活和社区活动成果的分享能促进老年人的归属感和价值感

生活记录的分享是渴望从分享中获得对社区、社会的贡献认同，对活动的参与深度认同，对自我价值的社会认同。越多越成功的分享行为，越能带来归属感和价值感的满足。同时，这与分享范围和影响程度也呈正相关。

4. 记忆的分享补偿过去时光流逝的缺失

对于老年人来讲，过往六七十年的生活，每一段不同的经历都是一段宝贵的记忆，这里蕴含了他们的人生成就、思想感悟和社会认同，时光一去不复返，但是记忆会一次又一次被想起。这是只有到达这个年龄段才会出现的独特心理特征，他们将人生经历分享，一方面是对自己人生的回顾；另一方面是从回顾中寻找自我认同和他人认同。所谓“怀旧”，就是通过“忆旧物”来“诉新情”。

第四章　都市社区低龄空巢老年人情感需要的机会点

第一节　国外社区服务老年人的实例分析

一、日本

日本埼玉县三乡市的“薰衣草”社区咖啡厅是一个专门为65岁以上老年人进行情感交流的服务项目。这所专门为社区老年人提供服务的咖啡厅，通过公共空间资源和老年人自身的技术和能力资源，专门解决老年人社会活动少、情感交流缺乏的问题。首先，充分利用公共空间资源。咖啡厅既是老年人聚会喝咖啡享受食物的地方，同时也是各种活动展开的地方。“薰衣草”社区咖啡厅每周都会准备不同主题的活动，如折纸、手工艺品、造纸、歌曲、粉彩绘画艺术、面包制作和野餐等。除此之外，咖啡厅后面的花园被开发成老年人共同种植的蔬菜区，让老年人在劳动中进行良好的沟通与情感交流，并通过适当的劳动有益于老年人的身体健康，而种植的成果则为咖啡厅的食物提供大量新鲜的原材料。

其次，充分开发老年人自身的优点，充分实现老年人的自我价值。项目组认为老年人既是项目服务的接受者，同时也应成为项目的参与者，为他人提供力所能及的服务。“薰衣草”社区咖啡厅的服务员工和客户都是老年人，这些服务员不是带薪员工，而是由老年志愿者轮流担任，并且充分发挥每个老年人自己的优势，比如有瑜伽基础的老年人在咖啡厅里为其他老年人举办瑜伽讲座，而有厨师许可证的女性老年成员则在厨房为其他老年人提供料理服务。

“薰衣草”社区咖啡馆项目提供了有趣的主题和良好的环境，老年人的社会活动变得丰富起来，老年人在活动中感受到快乐，获得更多互相沟通的话题和情感交流的机会。另一方面，老年人的才能在活动中得到充分的发挥，自我价值得到了充分的实现。“薰衣草”社区咖啡馆项目实行的方法有很多值得学习的地方。首先，充分考虑老年人作为服务接受者和提供者的双重性。老年人享受服务的同时又能发挥自己的优势服务别人，这样的组织方式不仅加深了老年人和其他人之间的情感交流，还使老年人个体、老年群体和项目活动之间形成自生的、可持续的有机联系。其次，充分利用社区空间，老年人与物资等各个因素的共同利益化，通过社区空间帮助老年人建立情感交流的平台，老年人通过平台创造物资（比如手工艺品、菜园的蔬菜和果实），这些物资又充实到社区咖啡厅的建设中，最终又服务于老年人。在围绕老年人情感交流的主题中，每一个环节和因素都能获得自身的利益，并且达到了一个可持续循环的效果。

二、英国

由英国索尔福德社区福利协会联合索尔福德市各个社区共同实施回忆之家计划。该活动为吸引老年人参与社区活动，向社区内老年人提供由博物馆收藏的老照片和其他能唤起老年人情感的老物品，并在社区内举办可以让老年人回忆往事的集会，让老年人在回忆中相互讲解过去的经历和往事，在同一场景或同一物品中寻找当年的记忆和故事，在讲述故事中，增进老年人彼此相互了解，加强老年人之间情感密度。虽然回忆资源服务活动每次最多只允许15人参加，且持续45分钟，但是参与此项活动的老年人仍然络绎不绝，至今为止已经成功地与当地40多个社区进行了合作，深受社会各界好评。如此成功地背后是该组织在设计活动的过程中，首先充分对索尔福德市的历史、老年人过去的喜好，以及老年人喜欢回忆等特点，并结合当地市民内心需求等，从各种不同的角度寻找可以帮助老年人找回记忆中的影像和生活片段。体育是索尔福德市民生活中不可缺少的一部分，当地人常说无论你是支持者还是球员，如果你住在索尔福德，体育运动都会触动你的生活。可见体育在该市市民心中的重要作用和历史积淀的悠久。组织者巧妙利用这一特点，将博物馆、美术馆、体育馆等曾经收藏关于本市诞生的体育明星、举办过的赛事等照片、视频和实物等一一呈献给老年人，刺激参与活动的老年人在记忆中找回往事的影子和踪迹。同时组织者还邀请当年曾参加过重大赛事的明星进行现场解说当年参与运动并获奖的故事，将老年人带回当年心潮澎湃的现场。除此之外，还为老年人提供了来自体育场人群的欢呼等影像，看台主题曲以及现场的食物味道和气味。这些场景和声音在给老年人带来回忆的同时，也在无形之中唤回了老年人寻找青春的悸动。

从中我们不难发现，老年人通过对共同主题活动的参与，会形成共同话题，并进行长时间回忆和交流，长时间的交流会增进老年人彼此之间相互了解，促进老年人相互认识的机会，进而达到情感上的共识和情感交流的效果。

该项目的成功之处在于，第一，善于利用社区现有资源和社区在文化,历史,风俗上的地域特色。博物馆提供的历史性的实物和图片材料都是本地的资源,与老年人的人生经历和生活习惯紧密联系,是进行情感交流的重要内容,具有极大的亲和力和感染力,效果显著。第二,善于通过创造共同主题进行开发。因为创造了同一个主题,并有设计性地引导老年人进行集体的回忆,往往会引起集体性的情感共鸣,在这样的环境中进行交流,最容易获得理解与积极沟通的效果。

三、爱尔兰

为了增加老年人参与社会活动和交流的机会,2013—2016年间,北爱尔兰艺术委员会和公共卫生署联合社区,利用艺术活动来改善老年人的心理健康,减少其社会隔离和孤独的问题。其中最有影响力的是Spring Chickens项目。Spring Chickens项目将来自不同背景的老年人聚集在一起,成立包括角色扮演、讲故事和哑剧的艺术团体,在老年社区内进行创造性的表演,同时将其制作成独特的戏剧,进行国内和国际演出,其演员都由来自各个社区的老年人担当。Spring Chickens项目提供了一次重要的交流机会,使一部分老年人参与到表演创作活动中,又通过演出宣传,为其他老年人提供艺术服务,并吸引更多的老年人加入到项目中来,这种可持续化的艺术创作和艺术服务活动改善了老年人交流的方式和效果,激励老年人群体成为活跃的社区成员,积极地加入到创造性的情感表达和交流以及社会参与中。

Spring Chickens项目最大的特点在于注重老年人情感艺术创造性的表达,强化情感交流的效果。艺术的创造性表达有利于老年人情感的释放,这种释放是一种积极的交流,舞台上的老年人在表演中同观众交流，而观看表演的老年人因为情节的动人和相似年龄的相同境遇而产生共鸣，从而获得良好的情感交流效果。另外，通过艺术活动广泛交流，可以创造一种有机的发展模式。Spring Chickens项目提供了通过艺术创作来进行感情交流的机会，使一部分老年人先参与到表演作活动中，再通过演出宣传为另一些老年人提供艺术服务，并吸引更多的老年人加入到项目中来，再服务更多的老年人，这种有机性的艺术创作与艺术服务模式，使更多的老年人都能通过这种情感交流方式受益。

第二节　武汉市社区低龄空巢老年人情感需要的机会点

一、武汉市概况

武汉市位于中国中部的江汉平原东部，在世界第三大河长江及其最大的支流汉江的相汇处，属于亚热带季风性湿润气候，常年雨量充沛、日照充足、四季分明；武汉是中国陆路、水路、航空的重要枢纽，其自然资源丰富，农业、工业、服务业均居全国前列。作为中国经济地理中心，在西部大开发战略的推动下，武汉已经成为连接中国新的经济发展战略的重要支点，具有承东启西、沟通南北、维系四方的作用。武汉市的政治、经济、文化、教育、社会保障和社会发展等方面数据均与当下中国基本一致，可以说武汉市是中国发展的一个缩影。所以，以武汉市为例对低龄空巢老年人情感需求社区服务设计展开研究，具有典型的样本作用，有利于本研究日后向全国推广。

为确保本研究的设计策略具有客观性、普遍性和容易推广，本研究小组成员从2016年开始，分别对武汉市、重庆市、长沙市、南昌市、合肥市、南京市、郑州市6个省会城市和1个直辖市的中心城区4536个社区进行了广泛的走访、问卷、录音等调研。此次调查耗时两年，其调查范围广，涉及的利益相关者数量大，不仅包括低龄空巢老年人、子女、社区管理者，还包括社区内的上班族、高龄老年人、儿童和残障人士等。本研究小组在整理数据过程中，发现这7个城市低龄空巢老年人的情感需求和社区服务等方面出现了极其相似性。经小组讨论决定，本研究以武汉市低龄空巢老年人和武汉市中心城区的社区为研究对象。

二、武汉市社区现状

武汉市的社区成立于2000年，并在2015年通过“政府购买”服务和自发组织性服务的形式，对社区内老年人展开服务。政府购买性质是由政府向老年人提供服务的专项资金，通过社区联络服务提供方，为老年人进行专项服务。自发组织的老年人活动是以社区为主导策划的老年人服务，主要包括上门服务、日常生活化服务。

武汉市现有13个辖区，1288个社区，其中武昌、汉阳、江岸、江汉、硚口、青山、洪山为中心城区。目前武汉市每个社区基本都由7~10人组成：1名书记主持该社区的全面工作，作为管理方，他具有国家正式公务员编制，负责社区内所有日常事务，如老年人文体活动和精神慰藉等活动；2名分项负责人，负责安排具体的活动和相关流程，策划日常活动步骤，他们也拥有国家正式公务员的编制。在进行大型社区活动时，主要负责与购买服务的提供方进行项目对接，配合完成活动；另外5~7人为普通工作人员，直接受负责人领导，负责日常基础性工作和活动的沟通、联系等，例如和老年人谈心、帮助老年人搬运物品等日常事务。因社区编制有限，他们主要以政府购买的形式进行社区辅助岗位应聘，所以他们既没有正式编制，也没有固定的安全保障，因此很多年轻人上岗工作一段时间后选择再次就业，该岗位就业人员流动频繁，有些员工虽然已经积攒了社区基层工作的经验，但最终还是选择离开。这也是造成社区整体服务质量不高，社区服务缺少专业化高素质员工队伍的主要原因。

武汉市社区服务在实施一般社区所具备的责任和职能以外，近几年提出了更为创新性的职能要求 。在2017年6月22日武汉市委出台社区治理党内法规《武汉市社区党组织领导社区治理若干规定》中明确指出，在社区党组织的领导下服务群众，社区党组织从“服务供给者”转变为“服务引领者”。第一，社区要发挥文体服务职能，发挥党组织和党员作用，牵头成立各类文化活动团队。第二，发动群众参与服务、自我服务、相互服务；第三，关爱服务，发动居民关心关爱困难居民、弱势群体和特殊人群，营造“家”的温暖。

社区服务的实质就是组织发动社区成员开展集中服务的一种活动，群众既是参与者，又是受益者。社区服务充分体现了我国“守望相助”的传统，因此在开展社区服务中要突出互助性，依靠社区内各方面的力量，依靠群众自我管理自我服务办好社区服务。目前，武汉市社区为老年人提供的社区服务以社区照顾为主，且照顾的对象都是社区内高龄、低龄空巢老年人和障碍高龄老年人，社区为其提供的服务主要以家政服务为主，对高龄老年人的情感需要的照顾仅有少量的聊天，不能完全解决老年人日常生活中缺少情感交流的问题。而社区在为低龄老年人提供的服务往往都是针对女性老年人开展的广场舞、文艺表演等。但这类活动组织的频率低，参与活动的老年人数量少，缺乏专业教师和资金的社区活动自然就谈不上稳定性和持续性了。从中可以看出社区为低龄空巢老年人提供的服务活动不仅内容单一，也缺少对男性老年人的关怀。

三、武汉市社区低龄空巢老年人情感需要的机会点

（一）合适的社区服务

湖北省老龄工作委员会发布的《关于市民对社区活动喜爱的调查报告》中指出，五年（2012—2016）来武汉市1288个社区举办的社区活动中，最受市民喜爱的活动依次为：书画竞赛、健康知识讲座、花卉栽培、科学养生、亲子运动会、助老爱老、厨艺比拼、儿童教室、园艺种植竞赛、诗歌朗诵、宠物秀、健康义诊、文化讲堂、知识竞赛、摄影展、传统技艺传承、故事讲坛、广场舞、徒步行走、防灾演练、公益奉献、互联网/计算机操作普及、戏曲表演、文艺演出、象棋围棋大赛、太极拳/剑表演、交通指挥、市民马拉松、心理辅导、爱心捐赠等30项。其中老年人最喜欢的活动依次为：健康知识讲座、广场舞、园艺种植竞赛、健康义诊、科学养生、书画竞赛、宠物秀、助老爱老、厨艺比拼、诗歌朗诵、公益奉献、爱心捐赠等12项。

（二）服务机会得出

目前武汉市现有的13个辖区，1288个社区中，60~69岁的老年人有103.82万，占总人口的12.16%，比上一年增加2.32万。70岁以上的老年人有69.86万，占总人口的8.18%，比上一年增加0.69万。由数据可见，目前武汉市的老年人口中低龄老年人所占比重较高，占老年人口的58.05%。低龄老龄化是武汉市老年人的主要特征，社区可以合理地引导低龄空巢老年人快速适应退休后的新角色，合理利用低龄空巢老年人身体健康、精力充沛，生活自理性强，社会经验丰

富、有技术专长等特点，发挥低龄空巢老年人乐于参加社会活动来丰富自己的生活和实现自身价值的需求。这不仅有利于社区的健康发展，也有利于低龄空巢老年人在提高自身健康的同时获得更大的情感满足。

根据武汉市目前所出现的社区内低龄化老年人众多，低龄老年人渴望通过邻里之间的联系加强交流，解决各方面的精神需求。所以作为社区，应发挥其职能提供相关的服务，所以在本章节，结合前面对低龄空巢老年人情感对邻里、社区关怀的情感需求的相关研究和武汉市社区的职能范围和政策支持，结合社区内儿童、青年、高龄老年人、残疾人以及社区工作者的需求的基础上，建立武汉市社区为满足低龄空巢老年人情感需求的服务设计机会点，以实现相互间的利益共享。

1. 青年健康饮食食堂

中国青年报社会调查中心通过问卷网，对武汉市2002人进行的一项调查显示，“不会做饭，常叫外卖”是目前影响年轻人饮食健康的最大原因。进一步调查显示，67.8%的受访年轻人每周至少吃一次外卖，其中5.5%的受访者每周吃5次以上外卖，23.9%的受访者每周吃3~5次，38.4%的受访者每周吃1~2次。基本不吃外卖的受访者仅占25.3%。此外，影响年轻人饮食健康的第二因素是“工作紧张，无暇顾及”[1]。中国最知名的外卖APP饿了么发布了独家外卖数据，总结了中国2017年五大“外卖大城”，其中显示武汉的外卖量为第

[1] 中国青年报. http://zqb.cyol.com/html/2015-08/20/nw.DFD110000zgqnb_20150820_2-07.html.

五位。[1]不少外卖好吃、颜色好看是因为加了特殊材料，与家庭饮食相比，食材杂、油多、盐多、烹饪方式不健康，有的还加有食品添加剂和增鲜剂，长期吃外卖，非常不利于痛风和高尿酸血症的控制。[2]

一方面，低龄空巢老年人有强烈的与年轻人交流的愿望。在2017年武汉青年志愿者协会开展的对低龄空巢老年人与青年人交流意愿调查中，希望经常和年轻人交流的低龄空巢老年人占62%，希望偶尔和年轻人交流的低龄空巢老年人占36%，不愿意和年轻人交流的低龄空巢老年人仅占2%，在对想交流的理由的调查中，35%的低龄空巢老年人认为和年轻人交流能让老年人思维方式方法跟随潮流，有所提高。42%的低龄空巢老年人认为和年轻人交流能排解老年人的寂寞感。7%的低龄空巢老年人认为和年轻人交流可以帮助解决老年人生活中难以处理的生活问题。16%的低龄空巢老年人认为因为子女不在身边，和年轻人交流能够寄托对子女的情感。因此，大多数低龄空巢老年人希望能和年轻人交流，通过和年轻人的交流解决寂寞，提升思维，并能寄托对子女的情感和求得生活帮助。

另一方面，由于不会做饭和工作繁忙，年轻人吃饭靠点外卖，长期点外卖使健康受到极大影响。独居老人有充足的时间和丰富的生活经验，因此，在社区可发起"青年人健康饮食计划"活动，建立社区食堂，募集具有一定料理技术的低龄独居老人，为没有时间或不会料

[1] 新浪看点，2018. 3 http://k. sina. com. cn/article_6336644379_179b1851b001004DFDnl. html.

[2] 健康界，2018. 06https：//www. cn-healthcare. com/articlewm/20180608/content-1026900. html.

理的年轻人进行健康的饮食搭配，同时充分发挥老人自身的能力，满足老人自我价值的实现，同时青年人利用用餐时间接近老年人，进行交流，如表5所示。

表5：关于社区健康餐厅的机会分析

提供和接受利害关系者	低龄空巢老年人	年轻人	社区
提供服务	健康饮食	情感交流	餐厅空间及设备设施
接受服务	情感交流	健康饮食	

2. 社区邻里互助小组

武汉市市民政局有关负责人介绍，目前，武汉市持证社工达到5278人，但全市社工缺口仍有约10000人。[1]武汉社区负担越减越重，平均仅有7个人的居委会要担任60余项工作任务。因社区工作人员没有固定保障，工作变动频繁，社区服务质量难以提高。在接受调查的员工中，48.97%的员工表示自己的工作性质属于聘用的临时工，社区有事情的时候再将其组织起来进行活动布置。平时缺少正规的专业培训，对一些政策法规、活动的组织程序、注意事项等完全不清楚，导致社区很多活动项要么委托给赞助的企业，要么活动组织

[1] 长江日报. 2018. 05. http：//www. hb. xinhuanet. com/2018-05/22/c_1122868661. htm.

不起来。社区在服务中也缺乏一定的激励措施，无法给予优秀员工一些精神和物质方面的补偿，建立多渠道、全方位的双赢或多赢模式，来满足员工的付出、满足低龄独居老人和社区居民的同时，也可以建设更好的新社区。

武汉市公安局2017年公布调查数据，武汉市80岁以上高龄老年人23.67万，占总人口的2.77%，占全市老年人口的13.23%，比2016年略有下降。高龄老年人超过2万人的有武昌、江岸、黄陂、硚口4个区。武昌区高龄老年人最多，达37093人。对于分布在社区里如此大量的高龄老年人，社区工作人员通常提供的是上门便民服务，工作压力大，由于社区工作者少，很多高龄老年人不能获得及时的支援。

2014年4月，武汉市民政局颁布的《市民政局办公室关于印发2014年全市提升社区养老和居家养老服务水平工作方案的通知》中明确指出充实社区养老服务队伍，将社区服务与多种社会服务力量整合，相互补充，吸引并培育社区组织、社区志愿者等为老年人开展家政、康复、精神慰藉等服务。

对武汉百步亭社区采取非正式无结构的社会调查法，随机访问了230多位高龄老年人，并向他们发放了问卷。最后实际收回200份问卷，问卷有效比率86%，通过调查发现，年龄在70~79岁和80岁及以上两个阶段，不能自理的人数开始增多。健康状况为健康的人数比例随着年龄的增而大幅度降低，分别为：63.2%、25.3%和11.5%。可见随着老年人年龄越大老年人的自理能力逐渐呈下降趋势，80岁以上不能自理的人数比例达到51.0%。所调查高龄老年人中，对社区提供的定期检查护理、陪同看病和健康咨询有较大需求，在生活照料保障方面，只有 24 人有迫切需求，占总数的 12.0%。在所调查的老年人中，大部分老年人对生活照料服务基本满意。在社区提供的生活照料服务中，需求频率最高的是打扫卫生，占 40.0%，成为自理能力较差的高龄老年人的首选。同时，选择社区服务的老年人有22.0%，说明社区服务存在一定的潜在需求；身体越是健康的老年人，对生活照料服务的满意度也越高。老年人年龄越大，对生活照料服务满意程度越低，反之越高。在精神文化保障方面，只有14.0%的老年人对社区提供的精神文化感到满意，可见老年人对此的潜在需求较大。[1]

低龄老年人照顾高龄老年人，老年人服务老年人，情感上更加易于交流。低龄老年人在倾听高龄老年人倾诉时，往往更能揣摩老年人的心理，给他们及时提出自己的意见和建议，及时帮助老年人疏解心中的郁闷和不快。另外，老年人服务老年人会更加细心。由于生活阅历的关系，一些低龄老年人在照顾高龄老年人时，往往会想到很多生活中的细节，更加人性化地照顾高龄老年人。[2]基于高龄老年人人数多，社区工组人员不足压力大的现状，以及武汉市相关政策支持的情况下，社区可以充分发挥社区内部低龄空巢老年人的作用，通过低龄空巢老年人服务高龄老年人更有利于情感交流和更细心的优势，解决高龄老年人定期护理检查陪伴、陪同看病、打扫卫生、健康与生活保障等需求，以及通过面对面的交流和文化活动解决精神文化需求，提高通过固定结对的互助服务形式，探索互助服务的管理模式

[1] 刘淇．老龄化背景下城市社区养老服务供求分析［DFD］．中南民族大学学位论文．2015：05.

[2] 陶象龙．有感低龄老年人服务高龄老年人［J］．社区．2012：(10).

和内涵，构建互助服务长效管理机制，培养发展一大批有能力的为老服务队伍，达到激活社区资源、强化社区关系、发展互助服务的目标，从而减轻居家养老服务人员的工作压力，也可以很好地让低龄老年人实现“老有所为”，不仅能够加强低龄空巢老年人与邻里之间的情感交流，达到多方利益共同实现的目标，也可以减轻社区大量工作负担，如表6所示。

表6：关于社区低龄空巢老年人互助小组的机会分析

提供和接受利害关系者	低龄空巢老年人	年轻人	社区
提供服务	伴随诊疗 家政服务 生活照料和 精神文化需要 减少社区工作人员的工作压力	情感交流	
接受服务	情感交流	伴随诊疗 家政服务 生活照料、 精神文化需要	减少社区工作人员的工作压力

3.社区宠物寄养中心

根据2017年中国宠物行业白皮书显示中国宠物数量达2.5亿只，2017年养宠物人群较去年增长了2%，养宠家庭达约5912万户。养宠人群由沿海经济发达地区向内陆蔓延，25~35岁养宠物的人最多，占比为61%。2017年湖北省养宠用户进入中国前十位，成为中国养宠大省。北京、上海、广州、重庆和武汉已被列为“中国的五大宠物城市”，武汉市宠物约有110万只。在如此庞大的宠物数量基数之下，针对宠物的服务越来越多样化，特别是外出时如何安置宠物成为这些养宠的年轻人面临的问题之一，由于移动距离、饲养方式等原因传统委托亲戚朋友照顾的安置方式已经不能满足市场需要，越来越多的人选择距离居住地较近的专业宠物寄养机构，但由于寄养费用较高，养宠人群往往望而却步，亟待找寻一个无论在移动距离还是服务质量上都能满足现代年轻人的寄养方式。[1]

北京师范大学心理学院在2002—2003年间对北京市的719个“空巢家庭”进行了调查研究，结果显示，喂养伴侣动物的低龄空巢老年人无论在身体和心理方面都更加健康，伴侣动物对人的身心健康有直接或条件性的影响。[2]郭君钰、李宜凡等在临床身心疾病杂志上发表的《豢养宠物犬对低龄空巢老年人群心理健康的影响》对宠物犬干预老年人群心理健康效果的研究中，通过对文献研究有关低龄空巢老年人心理干预的效果评价，得出研究证明豢养宠物犬对老年人的健康有积极促进作用，并且其领悟社会支持能力比未豢养宠物犬的老年人高，其生存质量也明显提高。同时，豢养宠物犬的老年人幸福满意度高，更懂得去享受生活。所以，对于低龄空巢老年人应积极推广豢养宠物犬，并且提倡用豢养宠物犬作为一种替代疗法

[1] 新浪网：https：//www. sohu. com/a/167850522_522736.
[2] 张佳佳. 宠物对低龄空巢老年人生活状况和孤独感的影响[J]. 魅力中国. 2011（3）.

来提高低龄空巢老年人的身心健康水平。[1]

基于社区内居民宠物托管的现实需求,结合宠物对低龄空巢老年人身心健康水平具有提高作用,社区可以利用低龄空巢老年人资源,和社区在移动距离上能够为养宠人群提供便利等优势的特点,在社区提供场地的情况下,可以组织培训低龄空巢老年人学习基本的饲养宠物的方法,建设一个社区宠物寄养中心,收取少量的费用,一方面增加了老年人与宠物的交流机会,有益于老年人精神和情绪的调节;另一方面在扩大老人与外界交流机会的同时,也为养宠物的年轻人提供了更加安全便利的寄养方式,如表7所示。

表7:关于社区宠物托管的机会分析

提供和接受利害关系者	低龄空巢老年人	年轻人	社区
提供服务	宠物寄养	与宠物交流感情的机会	宠物寄养
接受服务	与宠物交流感情的机会	宠物寄养	

4. 儿童照顾服务

2017年武汉市统计年鉴中截止到2017年武汉市未成年人口为

[1] 郭君钰,李宜凡. 豢养宠物犬对低龄空巢老年人群心理健康的影响[J]. 临床心身疾病杂志. 2015,21(5).

1229119人，武汉市社区共有1288个，平均每个社区有1000个未成年人。中国居住区规划设计规范中指出，居住区幼儿园的服务半径不宜大于300米，小学的服务半径不宜大于500米，中学的服务半径不宜大于1000米。[1]由此可以看出在中国每个社区便有一个配套幼儿园和小学，每2~3个社区便有一个配套初中和高中。关心下一代的安全和教育是每个社区应尽的职责。随着社会节奏的加快和工作压力的加大，亲子陪伴已经逐渐成为一种奢侈品。一份调查报告显示，现代白领们每天陪伴孩子的时间不足1.05小时，近六成的人不同程度错过了孩子成长的关键时刻。在中国这个家庭观念极重的社会中，越来越多的儿童已经开始失去了父母陪伴，他们被称为“失陪族”。[2]

如何让孩子得到更多的关怀；如何照顾父母因工作繁忙不能接送孩子上下学；如何照顾加班上班族子女无人陪伴；如何帮助孩子补习功课等现代年轻家庭的实际需要，社区可以组织有教学经验的退休低龄空巢老年人，在社区内建立儿童活动室、儿童课堂、儿童食堂等，进行有偿辅导和照顾孩子放学后无家人照顾、陪伴、饮食、游戏、功课补习等活动。在给孩子带来安全、健康等的同时，也给年轻父母全身心投入工作创造良好的条件。这种活动既可以给老年人实现自我价值，增进老年人和孩子、家长交流机会，又可以弥补老年人缺少与子女交流情感的需求。

[1] 百度文库：https：//wenku. baidu. com/view/00f42d375a8102d276a22f93. html.

[2] 中国网：http：//news. china. com. cn/live/2015-06/01/content_32931595. htm.

邓林园在论文《陪伴与儿童自我价值感的关系：城市与流动儿童的对比研究》以小学4~6年级学生为研究对象，采取分层整群取样的方法，选取520名小学高年级学生为研究被试。剔除回答不完整和不认真作答的问卷后，剩下有效问卷436份，有效率为84%。调查结果分析显示，对儿童的陪伴更多体现在情感陪伴上，最少的是学习陪伴和娱乐陪伴。采用皮尔逊相关系数对陪伴各维度与儿童自我价值感之间的关系进行分析，结果发现，陪伴各维度与自我价值感均呈显著正相关，即儿童在学习、娱乐、情感、养育等方面的陪伴越多，自我价值感也越高。[1]

基于儿童缺少家长陪伴的现状，同时有需要学习、娱乐、情感、养育陪伴的需求。如何让孩子得到更多的关怀；如何照顾父母因工作繁忙不能接送孩子上下学；如何照顾加班上班族子女无人陪伴；如何帮助孩子补习功课等现代年轻家庭的实际需要，社区可以组织有教学经验的退休低龄空巢老年人，在社区内建立儿童活动室、儿童课堂、儿童食堂等，进行有偿辅导和照顾孩子放学后无家人照顾、陪伴、饮食、游戏、功课补习等活动。在给孩子带来安全、健康等同时，也给年轻父母全身心投入工作创造良好的条件。这样既可以给老年人实现自我价值，增进老年人和孩子、家长交流机会，又可以弥补老年人缺少与子女交流情感的需求。通过老年人和孩子之间交流的机会，使双方都能从中获得自己的利益，如表8所示。

[1] 陪伴与儿童自我价值感的关系：城市与流动儿童的对比研究 2017：10.

表8：关于社区运营的儿童空间进行机会分析

提供和接受利害关系者	低龄空巢老年人	年轻人	社区
提供服务	陪同、吃饭、游戏、学习	情感交流	儿童活动室，儿童课堂，儿童餐厅
接受服务	情感交流	陪同、吃饭、游戏、学习	

5. 社区内互动场所改造及建立老年兴趣小组

2020年武汉市统计年鉴显示，到2019年为止，武汉市60岁以上人口为197万人，武汉市现有社区为1288个，平均每个社区就有1500名老年人。根据老年人爱好大调查数据显示，老年人爱好排行榜前十位分别是看电视、看电影、散步、体育锻炼、打牌、养宠物、种花、集体旅游、看书报、下棋、钓鱼。对老年人而言，在物质需求不断得到满足的情况下，他们更需要精神、情感方面和美好生活的追求。[1]美国《健康》杂志指出，老年人应该多结交朋友，多与外界接触，多聊天，一项早期研究显示，经常与家人和朋友进行聊天和交流的老年人有助于防止记忆力衰退和老年痴呆。[2]目前武汉市政府根

[1] 360图书馆：http：//www. 360DFDoc. com/content/15/0615/21/20625683_478368874. shtml.

[2] 网易新闻：http：//news. 163. com/17/1124/11/DFD40LNC3O00018AOP. html.

据老年人的爱好组建了老年人体育协会、中老年歌舞协会、老年人摄影协会、老年人书法协会等，但是由于移动距离的问题，很多有兴趣参与的老年人不能参与或很少参与。对此，作为老年人安度晚年和经常生活的社区需根据老年人的自身心理特征、行为和活动特征入手，结合本社区老人退休前所从事的职业和本社区所处的环境，为本社区老年人打造和设计利于本社区老年人活动和情感交流的多种兴趣小组。

在心理方面，上了年纪的老年人自身就认为自己已经老了，同时他们也感到自己的各种感觉器官如视力、听力、触觉等不如之前敏感，语言表达也容易出错，他们更愿意回忆往事等，故他们和周围世界的交流开始变少甚至中断，而导致内心逐渐变得孤独、寂寞，这种孤独感的逐渐扩散更容易促进老年人身体老化的速度，同时这种消极的情绪变化也是影响老年人心理和行为变化的关键。另外，老年人的心理变化多端，其情感极容易受到周围和社会环境等因素的影响，退休后的老年人因工作、社交和生活方式等的变化，其心理和情绪急剧变化，从而也带来了多种心理不适应的各种情绪变化，一时间老人很难适应。加之老年人自身身体状况出现问题或意外事情的发生也会进一步加重或刺激和损害老年人的心理防线，从而给老年人的生理心理带来多伤害。

在行为和活动方面，研究表明老年人的日常活动和行为特征不仅与老年人的生理条件、心理条件、兴趣爱好、生活习惯、文化层次等个人状况有关，还与老人的经济收入、居住条件、生活环境、社会地位、伦理文化等社会因素有着密不可分的关系。离开工作岗位的老年人随着年龄的增长、身体健康状况的下降，老年人的日常活动范围和离家距离也在逐渐缩短，加上老年人一般不会轻易改变在所熟悉环境中活动的行为特征，社区可以根据本社区老年人的实际情况和需求，在社区内为老年人增加一些可以提高老人活动的空间、设备和设施，有意让老人在各活动空间中进行相应的交流和活动，这样不仅可以促进一些老人积极参加兴趣小组的活动，也可以增加老人交友、谈心、交流的机会和频率。

因此，社区亟需积极组建适合本社区老年人活动的兴趣活动小组，提供更多的活动空间、设备设施，增加老年人与周围世界的交流机会。积极组织和引导本社区老年人参与兴趣活动小组，并在其中充分发挥个人的优势和所长，增加老年人与外界的沟通交流频率，最大限度地激活老年人的感觉或刺激老年人的感觉器官，增进老年人和邻里之间的情感，帮助老年人排解烦躁、失落、孤独等多种不良情绪，增进老年人和邻里之间的情感。通过兴趣小组的各种活动展示老年人自己的作品和劳动成果等，积极帮助老年人消除焦虑、失意、孤独等副作用，满足老年人精神需求，进而可以积极发挥社区的组织功能、服务功能和基层领导职能，确保社会安定人民生活幸福。

从图17中的数据可以看出，63.04%的空巢老年人最喜欢去社区周围的广场或公园，51.06%的老年人喜欢在社区内的空间里同邻居聊天，46.87%的老年人喜欢在家中自由活动，17.14%的老年人喜欢到社区活动中心活动。图17中的数据还显示，参加老年大学的老年人人数最少，只有1.2%，这也说明目前武汉市的社区建设和发展远远不能满足快速老龄化的实际所需，老年大学和社区图书馆等不能全方位覆盖每个社区，也不能满足退休后老年人的求知和结交好友的需要。从调查结果来看，老年人的日常生活和社交范围比较窄，

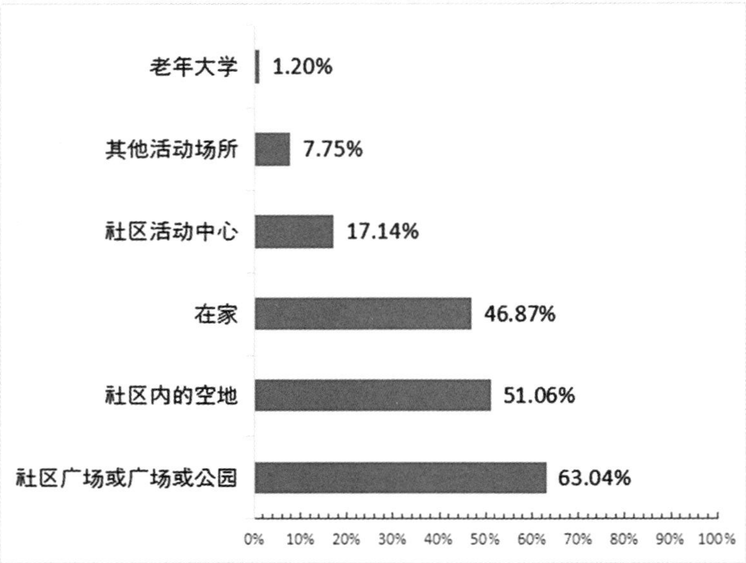

图17：老年人日常生活休闲活动场所

老年人的日常生活主要集中在自家、社区的空地及其社区周边的广场和公园。可见，对于老年人来说，社区不仅是他们日常的休闲场所，也是老人与社区内其他邻里接触最为频繁的场所，也是进行社区改造和建设的重要的物理接触点。

社区给老年人提供更多的公共活动和交流中心，不仅可以促进老年人的身心健康，也可以体现社区为社员提供良好的文化体育等服务功能。老年人可以在社区内的花园、老年人活动室、体育器械锻炼空间、社区内公共绿地空间等进行交流和活动，这样既可以协调老年人与邻里之间相互认识和了解，社区也可以开展相应的联谊会，增进社区内老年人与其他社员之间的感情，进一步促进社区和谐氛围，满足老年人情感交流的需求，如表9所示。

表9：关于社区老年人公共空间及兴趣组的机会分析

提供和接受利害关系者	低龄空巢老年人	年轻人	社区
提供服务	情感交流	情感交流	提供公共交流的空间，组织社区老年人参与兴趣小组
接受服务	情感交流	情感交流	

6. 社区图书馆服务

求知需要体现了独居老人“活到老学到老”的精神追求，接受调查的独居老人均受过高等教育，他们有着自己的求知方式，40%的独居老人比较喜欢通过看报纸新闻来关注社会动态，25%的独居老人喜欢看书，35%的独居老人乐于学习智能手机等新知识、新技能。这些调查数据表明，独居老人不愿脱离社会。但也有独居老人表示，想学习使用智能手机或电脑，却没有人教。老人QYY说：“我想学习微信，这样跟女儿联系就更方便了，也不费钱，手机炒股也很方便，可是没有人教我，自己也摸索不出来。”

因此，针对这些老人的实际情况，例如老年人接受新知识的能力下降，他们对那些不熟悉的或从根本上改变他们生活方式的新产品，有一种本能的抵制和排斥心理，尤其老人在面对操作复杂的活动界面或使用新科技产品时，他们往往会产生畏惧和焦虑等心理。在这种情况下社区在为老人提供服务时，不仅应当尽可能从老人需求和老人自身兴趣爱好及日常习惯等角度寻找解决办法，还要尽量选择可以减少老人心理负担，且老人容易接受并愿意参与其中的活动或项目，让老人在轻松快乐的环境中，对自己所熟悉的事物进行操作和学习，在此基础上通过容易掌握和容易理解的语言去引导老人接受智能产品和数字技术，以老人之间、老人与技术人员之间互相聊天的形式逐渐掌握新技术，从而扩大老人的社交范围。

从调查结果表10可以看出：64.52%的老年人认为退休后依然“有必要进行学习”，他们认为学习新知识更新旧观念对其余生生活依然具有积极作用；20.42%的老年人认为“没有任何关系”，这部分老人往往具有一技之长；15.06%的老年人认为“没有必要学习”。从中可以看出大多数老年人还是希望通过学习来了解社会变化、提高自己的文化素养，进而满足自己的精神需要。

表10：老年人学习必要性的认识调查

<table>
<tr><th>可视化图表</th><th>调研数据</th></tr>
<tr><td rowspan="3">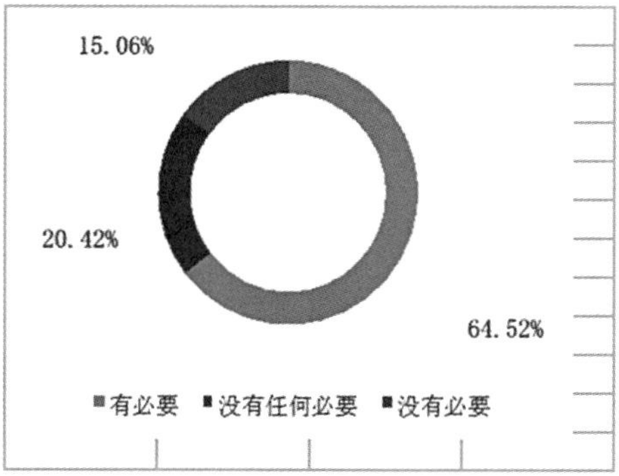
</td><td>64.52%的老年人认为“有必要”</td></tr>
<tr><td>20.42%的老年人认为“没有任何关系”</td></tr>
<tr><td>15.06%的老年人认为“没有必要”</td></tr>
</table>

基于老人对于学习的需求，以及社区目前对老年人提供学习资源与频率不足的情况，社区可以建立社区图书馆，满足独居老人的求知欲。同时在图书馆内还可以设立老年人讲堂，邀请社区内青年志愿者给老人带去新的科技和新的生活理念的讲座，同样老年人可以对青年人、儿童讲述历史、人文或他们熟知的领域知识。促进以学习为纽带的思想交流，也让老人们通过知识的传播而获得自我价值的实现，如表11所示。

表11：关于社区图书馆的机会分析

提供和接受利害关系者	低龄空巢老年人	年轻人	社区
提供服务	情感交流 知识交流	情感交流 知识交流	提供公共交流的空间，组织社区老年人参与兴趣小组，发挥各自长处，形成优势互补的社区服务职能
接受服务	情感交流 知识交流	情感交流 知识交流	

7.花卉栽培活动

武汉市民喜爱和参与花卉相关活动的老年人居多。武汉市政府为了唤起市民关注花卉种植，多年来一直进行各种各样与花卉相关的活动。武汉市拥有中国三大核心的科学植物园，在这里不仅可以供植物学专家和学者进行科学研究，还可以供市民在此学习、观赏不同时节的花卉，同时武汉市植物园也定期向市民开展花卉栽培和种植相关教育教学实践活动。除此之外，武汉市政府每年还举办梅花、兰花、樱花、桃花、杜鹃花、牡丹、茉莉花、莲花、桂花、山茶花、菊花等各种花卉庆典活动，满足市民的观赏需求。花卉栽培、种植及赏花，早已成为武汉市民茶余饭后闲暇时间里一项必要的活动。另外，武汉市政府自2009年开始就启动了“政府送花进家庭”活动，每年由武汉市园林和林业局、市绿化委员会办公室主办，免费向武汉市中心城区市民赠送花卉，同时为推进市民养种花卉，近年来增加了免费送花盆活动等，多年来武汉市500多个社区，上万个家庭受益。这项活动不仅让市民家庭的室内、阳台美起来、亮起来，潜移默化中带动了全体市民种花养花的积极性，也为美化江城增进武汉市民与市民、与社区、与政府之间相互沟通等起到了积极作用。2013年至今，武汉市园林局和林业局连续组织全市市民开展“武汉市最美花园家庭”活动，从活动组委会统计的参赛报名情况来看，参加者的年龄以55~70岁银发族为主，其中60岁以上的人群约占总人数的79%，45岁以下的年轻人不到10%。[1]

因此，基于居民对花卉的喜爱和美化社区环境的需要以及空巢老年人情感交流的需求，可以通过社区提供设施和场地，以花卉栽培为交流方式，组织空巢老年人积极参与，最终建立能同时实现社区、空巢老年人和邻里共同促进情感交流，获得美好环境的接触点，如表12所示。

[1] http：//news. cnhubei. com/xw/wuhan/201707/t3867241. shtml.

表12：关于社区经营花卉栽培的机会分析

提供和接受利害关系者	低龄空巢老年人	年轻人	社区
提供服务	花卉栽培 美化环境 其他公益性服务	情感交流	提供花卉栽培空间及设施
接受服务	情感交流	美化环境 其他公益性服务	美化环境 其他公益性服务

根据前文对武汉市现有社区存在的问题进行分析，和对武汉市低龄独居老人日常活动、老人情感需要，和社区内其他利益相关者需要等信息进一步梳理后，获得武汉市低龄独居老人在社区活动范围内，与其他利益相关者及其活动空间等主要的接触点。通过对这些主要机会点的进一步分析和整理，得出可以满足武汉市独居老人情感需求的相应设计机会。如前文所述，本研究在前期调研中发现中国中部重要的7个省份的重要城市的社区和低龄独居老人情感需求具有同质性，所以以上对武汉市独居老人情感需求进行调查研究得出设计机会点，适用于全国其他城市，适合对后期向全国范围内的各城市社区进行推广和普及。每个社区都可以根据当地政府的政策、自身的发展需求，和自身所处的地理、气候、文化、风俗等不同环境的需求，进行论证后选择这些机会点中的一个或多个进行进一步设计和开发，以便更好地满足各城市低龄独

居老人的情感需要。

通过对武汉市空巢老人日常休闲活动、老人情感需要、社区内其他相关联系人的需要等调查结果进行详细分析，不难发现表5至表12的老人需求与社区其他利益相关需求的机会点。这也为本研究接下来进一步深入研究和寻找武汉市武昌区DFD社区内低龄空巢老年人的日常生活和休闲活动的机会点提供了有利的依据。

第三节　武汉市DFD社区低龄空巢老年人情感需要的机会点

一、DFD社区基本现状

（一）DFD社区概况

武汉市DFD社区位于武汉市武昌区，东濒解放路，南至中华路，西到长江，北到中山路，面积约为0.23平方公里。武汉市DFD社区是武汉市中心历史上最古老的社区之一。截至2017年，武汉市DFD社区总人口10210人，其中60岁以上老年人3460人，占总人口的34%。空巢老年人2762人，占总人口的27%。低龄空巢老年人1876人，占空巢老年人口的67.92%。低龄老年人是武汉市DFD社区空巢老年人的主要特征，DFD社区在老年人退休后可以正常发挥新的作用。该公司为低龄老年人的身体健康和精力旺盛的生活提供了合理、技术经验丰富、低龄空巢老年人的生活和享受自己生活的基础，并带头培养自己的生活和价值。这不仅可以促进社区健康发展，而且可以增进空巢老年人的健康，同时也可以提高情绪上的更大满意度。

（二）DFD社区特征

武汉市DFD社区的居民们长期保持着种植花卉的生活习俗。因此，自然形成的规模化的花卉栽培习俗成为当地的特性。2014年城市环境美化和善于利用市民公共空间的体验，提高为武汉市政府DFD社区附近的武昌收益公园（武汉首而公园）出生在花卉公园的概念进行了升级。武汉市DFD社区由于在地理位置上占据优势，所以配合武汉市营养院管理中心，运用双方物质和人力资源举办了“武汉市最美丽的家族”“武汉市盆景大会”“周末市民种植花卉知识竞赛”“市民花卉插展”等活动。另外，武汉市DFD社区还每月举办花卉展览会，加强居民间的情感交流。通过以上活动，社区花卉种植的文化生活成功地向群众进行了宣传。由此，附近的湖北美术学院的学生，在武汉DFD社区师生，逐步成为社会上交通，美术爱好者的交通，有影响的私生根据地。社区为解决居民种植花卉时出现的问题，邀请相关专家在家庭开设了花卉种植专题讲座。另外，还邀请专家在文学、艺术方面进行讲座，以种植花卉为主题开设了相关讲座，使武汉市DFD社区的居民对花卉更了解，提高主人的生活质量。

二、DFD社区低龄空巢老年人的调查

此次调研于2016年9月和2018年1月，以最能代表都市低龄空巢老年人情感需要的武汉市武昌区DFD社区、邻里及老人等展开调查和访谈。针对不同人群拟定不同的访谈大纲，确定具体的访谈计划。然后针对目标人群进行问卷调查和深度访谈等，获取低龄空巢老年人的情感需要、日常活动、喜好，以及他们对社区建设的希望等较为客观的依据。同时也对与老人接触最多的社区内的邻里（主要

包括：社区管理者、社区员工、社区内的年轻人、上班族、孕妇、学生、儿童、高龄老人及残障人士等）及其利益相关者展开全方位的调查，以获取第一手资料，为DFD社区内空巢老年人情感需要的服务建设提供了必要条件。

当下武汉市DFD社区内低龄空巢老年人都非常支持子女的工作，并已经接受子女不能经常陪伴和沟通的事实。积极建立与社区邻里之间的沟通，特别与低龄空巢老年人的交流与来往，对老人的情感获得具有很大的帮助，因为他们之间具有相似的情感状态，彼此之间容易产生同理心和相近的生活规律。与社区中的上班族进行交流是老年人非常期待的，从这一人群，也就是与自己子女相仿的人群的沟通中，能抒发部分对子女的挂念之情，能从侧面了解到这个年龄段的人群的生活方式和思维想法。在调查中还发现，空巢的老年人群对于沟通的行为分为：积极发起者、积极参与者、被动互动者三个类型。在对都市老人情感需求社区服务设计时，可以利用积极发起者带动并影响积极参与者和被动互动者，形成一个良性可循环的多元化沟通方式，通过调研还发现，老年人之间对亲情的沟通可以有效弥补老人缺少子女陪伴和照顾的缺失，老年人之间对亲情的沟通也是低龄空巢老年人最为期盼的方式。此外，在人际交往过程中，低龄空巢老年人时常出现被忽视的感觉，最需要的还是来自人与人之间的沟通，在老人情感需求社区服务设计时应该思考如何通过社区服务帮助低龄空巢老年人建立人与人之间的沟通，让他人关注到低龄空巢老年人的情绪变化，感知并表达出老人的情感需求，增进人与人的交流。老年人的社交需求随着城市的发展和社区结构的变化，逐渐形成了交往范围广、交往方式多元化的特点，在互联网的发展和普及下，也给老年人提供了全新的人际互动空间。需求的增加和多样性化，就要求通过设计来优化体验。交往平台的搭建和设计中不仅要考虑人与人之间、人与群体之间、群体与群体之间的互动关系、互动的途径、沟通方式、兴趣点等，还要考虑到使用方式、功能设置等；社区服务所带来的互动是不是一个积极的互动效果，增进老人之间的情感交流。

根据设计需要，本研究首先选定了低龄空巢老年人经常聚集的社区周边的公园、超市、菜场、银行、广场等场所。然后对55~70岁的身体健康、精神状态良好的老年人进行了走访调查并发放500份调查问卷，共回收480份，回收率为96%。其中有效的问卷有465个，有效率为96.9%。与此同时，也对DFD社区内的老年人男女各一半的50名老年人，和男女各一半的100名年轻上班族进行了深度访谈。为进一步了解DFD社区服务老年人的情况，本次调查也对该社区的4名管理者和6名社区工作人员进行了深入访谈。

近年来，随着我国老龄化趋势逐步上升，空巢老年人数量与日俱增，虽然武汉市在空巢老年人研究方面可以成为中国独居老人研究的一个缩影，但因低龄空巢老年人的生活习惯、爱好、情感需求及其与之相应的问题的特殊性，决定了社区在为老人提供服务内容服务、服务质量等方面都应该采取不同的服务方法。可见，关于空巢老年人情感需求和社区支持的研究，以及空巢老年人的共同特点及其特殊性等，都是本研究中最重要的决定因素。

因此，此次调查首先从武汉市DFD社区的老年人性别分布、年龄、收入、文化程度、家庭构成等基本信息开始进行。

(一)DFD社区低龄空巢老年人的基本信息

表13：武汉市DFD社区低龄空巢老年人基本信息

标　题	选　择	样本数量	占比率（%）
性别	男性	787	41.53
	女性	1108	58.47
年龄	60~69	1081	57.04
	70~79	511	26.96
	80 以上	303	15.98
文化程度	中学毕业	212	11.18
	高中毕业	457	24.12
	学士毕业	1226	64.70
子女数量	无子女	274	14.46
	1 人	1205	63.59
	2 人以上	416	21.95
经济来源	退休工资	1771	93.46
	劳动所得	97	5.12
	子女赡养	18	0.95
	社会救济	9	0.47
月收入	2000 元以下	19	1.01
	2001~3500	1176	62.05
	3501~5000	483	25.49
	5001 元以上	217	11.45

从表13可以看到武汉市DFD社区空巢老年人的基本情况。女性的比率为58.47%，男性比率为41.53%，显示女性空巢老年人比男性高。从空巢老年人的年龄来看，目前空巢老年人中，60至69岁老年人占57.04%，低年龄层空巢老年人人数较多，这需引起社区和政府的高度重视，社区和政府也应该根据实际情况对低龄空巢老年人进行帮助，或引导低龄老人参与社区或社会组织的有偿或公益服务活动。

文化程度的高低是影响空巢老年人日常生活中兴趣和爱好的主要原因之一，在调查中发现具有本科及以上学历的老人占64.70%，具有中学学历的空巢老年人占11.18%，这对社区为引导老年人开展社区活动提供了有利条件。通对低龄空巢老年人子女数量的调查可以发现，有1个子女的家庭在空巢老年人中占63.59%，这也反映出中国计划生育政策实施后虽然有效控制了出生率，但也进一步加速了老龄化的形成。从表13的调查结果来看，不难发现 93.46%的老人退休后的主要经济来源于退休工资，但就老人月收入来看，62.05%的老人月收入在2001~3500元人民币，从目前中国经济和社会发展来看，这一收入仅可供老人日常生活和基本消费，如遇老人身体不舒服或需要住院治疗，高额的医疗费用和住院费用等，仅靠老人退休金是完全不够的，因此在后期的问卷和深入访谈中得知，在老人遇到病痛住院时，其医疗费用大部分都要靠子女或亲戚帮助支付。所以社区在帮助老人解决情感问题时，可以尝试并运用合理的服务项目或活动，帮助低龄独居老人创造一些收入来补贴他们的日常开销。

（二）DFD社区低龄空巢老年人的日常活动和需要状况

1. DFD社区空巢老年人日常喜欢的休闲活动

据调查，在武汉市DFD社区空巢老年人中，82.14%的老年人喜

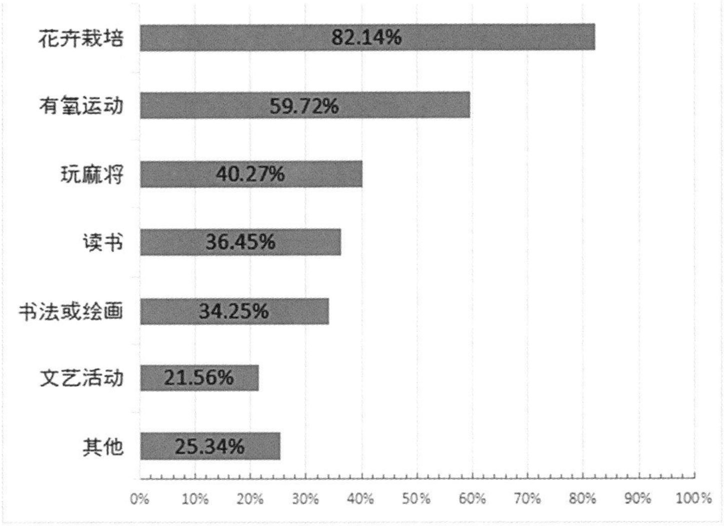

图 18：DFD 社区空巢老年人日常喜欢的休闲活动

欢花卉或其他植物栽培，59.72% 的老年人喜欢有氧运动，40.27% 的老年人喜欢打麻将，36.45% 的老年人喜欢读书，34.25% 的老年人喜欢书法和画画，21.56% 的老年人喜欢文艺活动；25.34% 的老年人喜欢其他各种不同的活动。兴趣活动是武汉市 DFD 社区空巢老年人精神生活的重要组成部分。调查结果显示，82.14% 的老年人喜欢种植花卉或植物，因此，他们更喜欢种植花卉。由此可见，花卉栽培已成为大部分老年人生活中不可或缺的活动。

2. DFD 社区空巢老年人日常排解孤独的方法

在问及武汉市 DFD 社区低龄空巢老年人在日常生活中主要通过哪些活动排解孤独时（多选），81.24% 的老年人回答利用花卉栽培；60.34% 的老年人回答通过看电视或电影；45.64% 老年人回答通过打牌、打麻将、下围棋；36.82% 的老年人回答是通过与周围老年人闲坐闲聊；30.56%的老年人回答通过通过购物、买菜或逛商场；28.13%的老年人回答通过做家务；25.48%的老年人回答通过参加有氧运动；21.65%的老年人回答通过参加各种文艺活动或广场舞；14.56%的老年人回答通过照顾孙辈；13.87%的老年人回答与亲戚、朋友互相拜访和探望；12.07%的老年人回答通过阅读报纸、杂志和书籍；7.01%的老年人回答通过上网聊天，具体如图19所示。

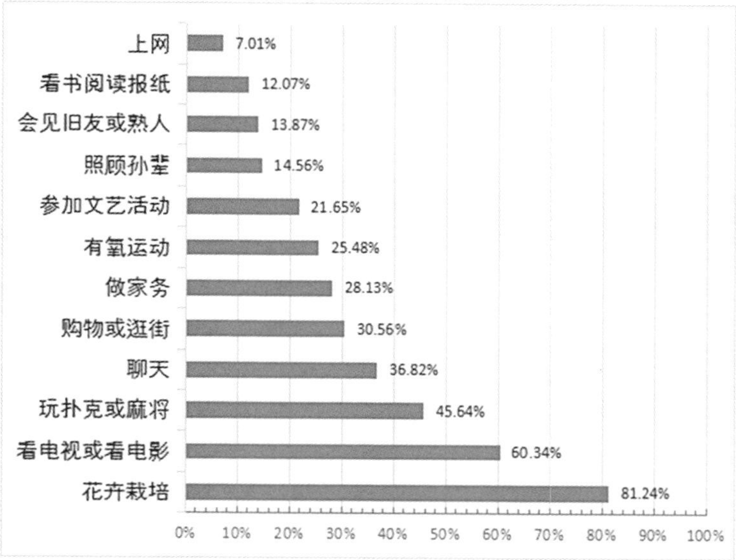

图19：DFD社区空巢老年人日常排解孤独的方法

从对老年人日常采取排解孤独寂寞的方式来看，有45.64%的老年人打牌（麻将）、下棋，这类游戏往往因为游戏的吸引力较强且游戏往往涉及输与赢，而使老年人忘记休息时间，或使老年人的情绪高涨，从而给身体和心理造成一定伤害，近些年因打牌而造成老年人身体出现重疾，甚至死亡的病例正在逐年攀升。另外，60.34%和

12.07%的老年人通过看电视、看书和读报等来打发时间，长期待在家中，缺少户外有氧运动，不利于身体健康，同时也会因缺少交流对象，而成为最容易产生情感缺失、孤独和抑郁的群体。参加这两大部分活动的老年人，亟需得到社会关注和社区养老机构的重视。

3. DFD社区空巢老年人参与社区活动的频率

在对老人是否了解或曾经参与过本社区老人活动采访过程中，很多曾经参与过活动的老人说：

“目前社区所提供的活动种类较少，活动组织的频率低”

“我们根本就不知道什么时间有什么活动，活动在哪里举行我们也不知道”

“社区的很多活动要么是过于形式化的党的政策的宣传，要么就是向我们推销产品和讨厌社区的活动”

“不过社区给我提供的一些培训讲座还是非常好的，我们都愿意参加，在培训中我学会了种植既可以观赏，又可以食用的花卉栽培技术”

“在孙子读书学校门口等孙子放学时，我就把自己家的栀子花

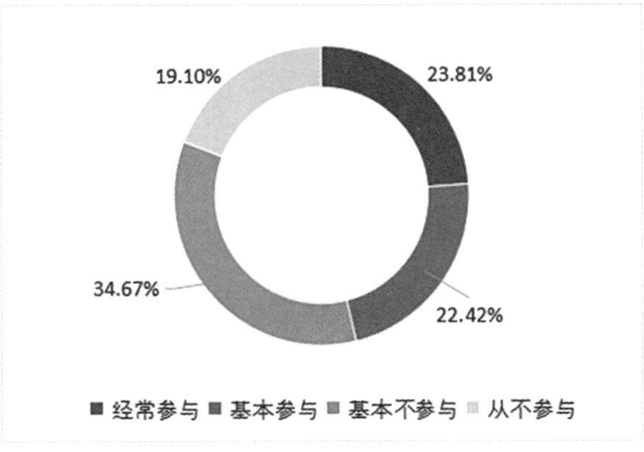

图20：DFD社区空巢老年人参与社区活动的频率

（味道香甜，可以挂在车内、室内或手腕上代替香水）穿成串送给我孙子的同学和其他家长”。

老人在评论社区活动的时候，大多数对社区组织的实用性强，能给老人带来快乐的讲座给予了肯定。

从图20对武汉市DFD社区低龄空巢老年人参与社区活动的频率调查结果来看，经常参与社区活动的老年人占23.81%，基本参与社区活动的老年人占22.42%，基本不参与社区活动的老年人占34.67%，一次都没有参与社区活动的老年人占19.10%。在调查中发现对于“基本参与”“基本不参与”以及“从不参与”这3种情况的调查对象，半数以上的老年人回答：“对社区给老年人提供活动的资源不知情”。同时调查中很多老年人反映：社区现有的活动很多都适合女性老年人参与，适合男性老年人参与的活动很少。目前社区为老年人提供的活动大部分以唱歌、广场舞等为主，其他活动并不多。对此社区可以考虑创建既可以持续循环，又能够调到老年人积极主动参与，且又具有较完善系统的社区活动，从而让老年人在参与该活动的过程中扩大老人与邻里、社区、志愿者和社会等交往的机会，增加与邻里、社区工作人员、志愿者等交流的频率，在整个活动过程中发挥自身的特点和长处，促进老人在参与该活动过程中获取更多的尊重感，使其自我价值得以实现。

4. DFD社区空巢老年人参与过的社区活动

从图21对老人了解或已参加过的社区活动进行的调查结果可以看出，91.21%的老年人选择利用社区设施进行有氧运动。这一结果与访谈中老人说“因为邻里之间不熟悉，并且在对周围环境不熟悉的情况下，只有选择健身器材来陪伴是缓解孤独寂寞的最好办法”

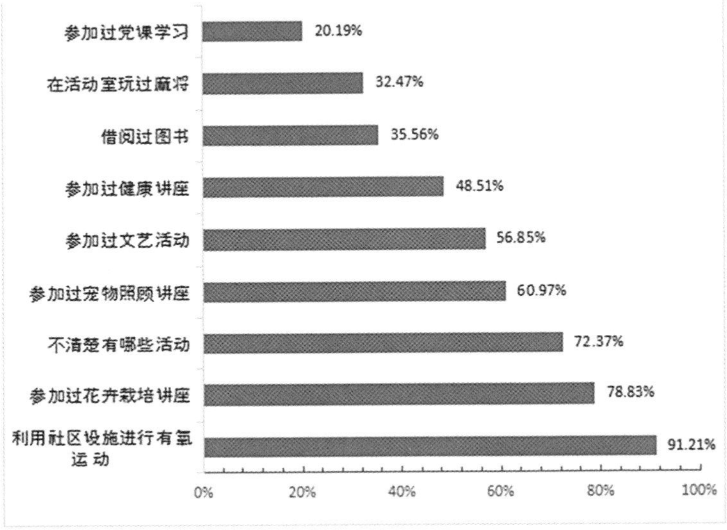

图21：DFD社区空巢老年人参与过的社区活动

不谋而合。另外有78.83%的老年人选择参加过社区组织的花卉栽培讲座，这一高比率的讲座是与武汉市市民具有多年花卉栽培的传统和全民赏花习俗分不开的，这不仅得益于武汉市具有适合植物成长的独特气候，也得益于武汉市政府、机构和企业的大力支持。调查中60.97%的老年人选择参加过社区宠物饲养的讲座，这与DFD社区高学历低龄独居老人较多，且他们中的很多子女在国外或外地生活，饲养宠物就成了很多老人为排解孤独而选择的一种方式。在调查中我们也发现如图21中所描述的，有72.37%的老人对社区的活动并不了解，他们不清楚社区有哪些活动，甚至很多老人不知道社区还有活动室。也有老人说，活动室就是麻将室，里面的乒乓球台也变成了麻将桌，这也反映出玩麻将是武汉市老人较常见的休闲活动，这与老人日常活动中较多老人选择打麻将来排解孤独寂寞的结果相呼应。

这也进一步印证了武汉市独居老人的日常活动较为单一。从图21中也可以看出，目前DFD社区举行的所有活动中，有关种植花卉的讲座受到空巢老年人的欢迎，超过了除有氧运动以外的所有项目。这说明武汉市社区空巢老年人对种植花卉的喜好程度很高。

5. DFD社区低龄空巢老年人希望社区可以提供的活动

在老年人最希望参加的有关社区活动的调查中，86.54%的老年人希望社区能结交邻居，开展与邻居进行社交活动。68.32%的老年人表示："希望社区举办花卉栽培活动。"根据调查结果，老年人喜欢种植花卉，但社区只提供种植花卉的讲座。因此，空巢老年人恳切希望社区能够举办花卉栽培活动。如果通过种植花卉活动，能够加强老年人与邻里间的交流，这项调查可以同时解决老年人最喜欢的两个问题。

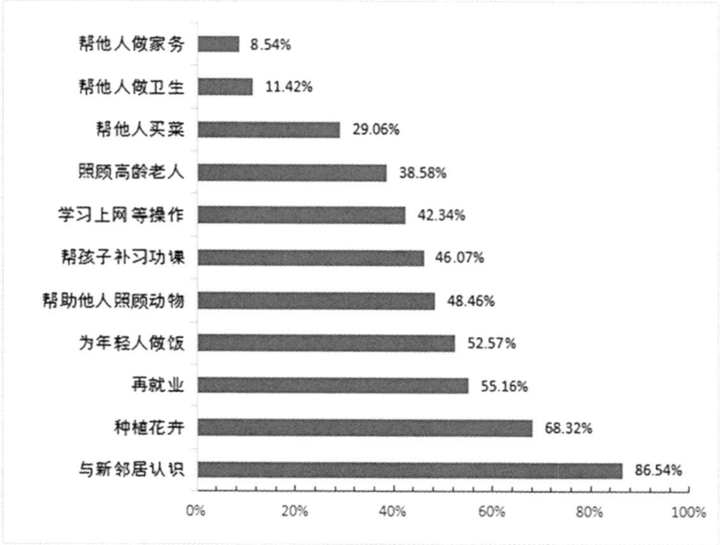

图22：DFD社区低龄空巢老年人希望社区可以提供的活动

从以上调查可以看出，城市DFD社区低龄空巢老年人不仅在亲情、友情、邻里关系和社区关怀方面有需要，而且老人在日常行为和活动中也有自己的需求和愿望。面对当下子女不能经常陪伴老人、老人缺失旧友和老邻里亲密关系的事实，社区有责任，也有义务帮助低龄空巢老年人拉近新的邻里之间关系，通过组织低龄空巢来年人进行社区活动，给低龄空巢老年人更多的关心和爱，进而扩大老人社交范围，补充或替代低龄空巢老年人因缺少子女、旧友、密邻的陪伴和关怀，这与本研究设计之初所预想的结果相一致。城市低龄空巢老年人正是在参与社区活动过程中，与社区员工、志愿者和新邻里等之间交流和互动体验，从中不断获得情感及精神方面的满足。

以上调查结果显示，花卉栽培已成为武汉市DFD社区大部分单身老年人生活中不可或缺的活动，也是排遣寂寞的最佳方法。老年人提出通过种植花卉活动加强邻里之间的联系。空巢老年人由于缺乏情感交流，所以在面对孤独寂寞的问题时，通过举办花卉种植活动的条件较好的武汉市社区，可以通过花卉种植活动，充分解决老年人的情感交流不足的问题，满足老年人的感性需求。

三、DFD社区为空巢老年人提供服务机会的确定

表14：DFD社区空巢老年人希望为社区内其他居民提供的服务

序号	服务机会	比率	活动范围
1	帮助社区家庭照顾孩子	16.2%	社区内
2	帮助社区里的孩子辅导功课	35.1%	社区内

（续表）

序号	服务机会	比率	活动范围
3	帮助出差或外出的邻居照顾宠物	25.6%	社区内
4	种植花卉、蔬菜并适时分享、拍卖成果	58.2%	社区内、社区外
5	手工 DIY 产品制作、展示	40.7%	社区内
6	成立菜市场为年轻人提供干净蔬菜	30.2%	社区内
7	成立社区食堂，为社区内年轻人做饭	51.1%	社区内
8	成立兴趣活动小组	28.4%	社区内
9	为社区年轻人提供代购帮助	34.5%	社区内
10	照顾社区内高龄老人和行动不便的邻里	17.6%	社区内

通过对前期调研收集到的数据进行分析整理后，采用面向对象的任务分析（Object-Oriented Analysis，简称OOA）方法来进行分析。面向对象的任务分析是指在一个系统的开发过程中进行了系统业务调查以后，按照面向对象的思想来分析问题。OOA强调的是在系统调查资料的基础上，针对OOA方法所需要的素材进行的归类分析和整理，而不是对管理业务现状和方法的分析。OOA模型由5个层次

（主题层、对象类层、结构层、属性层和服务层）和5个活动（标识对象类、标识结构、定义主题、定义属性和定义服务）组成。在这种方法中定义了两种对象类之间的结构，一种称为分类结构，一种称为组装结构。分类结构就是所谓的一般与特殊的关系。组装结构则反映了对象之间的整体与部分的关系。

建立城市低龄空巢老年人在日常生活中经常出入社区的生活场景，分析低龄空巢老年人在生活中可能接触到的人、事、物。并且通过对老年人的生活特点进行归类和划分，分析出了几个主要的机会，如表14所示。以老年人为圆心，以社区生活为圆周，得到了社会和社区、社区人和社会人士（非社区内的居民）几个主要的利益相关者，以及社会人士和社区内邻里（主要分为上班族、儿童、孕妇、高龄老年人和其他老年人等）。对这10个接触点和老年人的日常生活进行研究和分析，寻找设计突破口。表14列举出了10个为满足城市低龄空巢老年人情感需求的社区服务设计机会。

表15：DFD社区空巢老年人希望为社区邻里提供服务机会权衡矩阵

标　准	重要度	机会1	机会2	机会3	机会4	机会5	机会6	机会7	机会8	机会9	机会10
时间和财力	3	1	3	3	3	2	2	3	2	1	2
开发有用、可用项目的可能性	2	2	2	1	3	1	2	2	2	2	2
潜在的市场规模	1	1	2	2	3	2	1	3	2	2	1

（续表）

标　准	重要度	机会1	机会2	机会3	机会4	机会5	机会6	机会7	机会8	机会9	机会10
潜在的创造力	2	2	2	1	3	1	1	2	1	2	1
团队成员的潜在贡献	3	3	2	2	3	2	2	2	2	2	2
总计		21	25	21	33	18	18	26	19	19	18

从上述低龄空巢老年人希望在社区帮助下能够实现的机会中，本研究需要进一步对其从开发的时间和财力、开发的可能性、潜在的需求规模、潜在的创造力和团队成员的潜在贡献等方面进行分析和筛选。通过构建机会权衡矩阵（见表15），分别由研究组成员8人进行打分，每一列代表一个接触点的设计机会，每一行代表相应的各个接触点设计机会的不同准则。每个机会的衡量准则分为由1（低）到3（高）不同的级别，每个准则的重要度也分为1（低）到3（高）不同的层次。得到的相应的机会值，分别与准则的重要度相乘，然后将得到的每个机会的总值进行比较，得分较高的将成为进一步深入研究的机会。据此，最终得到花卉栽培（机会点4）是最优的设计机会，这一结果不仅与图19中82.14%老年人日常有喜欢花卉栽培的爱好相吻合，和图20中81.24%的老年人通过花卉栽培排解孤独的结果一致，也与图22中68.32%的老年人希望社区组织种植花卉、蔬菜并

适时分享、拍卖成果也相一致。以下将从这一符合DFD社区内低龄空巢老年人心理需求出发进行深入研究，对该社区低龄空巢老年人“情感关怀+快乐分享”的社区服务模式进行探究。

通过老年人对不同地区接触的人或事物的相互利害关系进行分析的同时，为了让主要利益相关人士能够感受到不同地区的情绪变化和心理感觉，画出不同的过程，准备比较客观、真实的鲜花栽培服务蓝图。通过详细的系统分析，正在改变利用视觉前倾向强烈的图像化符号，用难解的文字传达信息的“视觉语言”，制造出通过“视觉语言”编辑和制作，容易理解的“视觉符号”，转换传播性高、传达概率高的花卉栽培服务的前景和服务系统。最终“为所有空巢老年人的感性需求的花卉种植社区服务”的服务形式是在更广泛的环境下提供更多帮助的服务模式，也是帮助中国政府下属城市社区服务的服务模式。

第五章　DFD社区服务设计提案

第一节　武汉市DFD社区低龄空巢老年人情感需要的指南

一、DFD社区低龄空巢老年人情感需要设计原则

美国社会学家马克·格兰诺维特（Mark Granovetter）在1973年出版的《弱关系的力量》（The Strength of Weak Ties）一书中首次提出关系强度这个概念，他将人与人之间的关系分为强、弱两种类型，并用互动频率、感情密度、信赖程度以及互惠交换4个指标来衡量关系的强弱程度。如图23所示，他认为在个体与个体、集体与集体、个体和社会等系统中，强关系与弱关系都起到了不同的作用。在信息网络传递上，弱关系发挥着更积极的作用，个人可以凭借弱关系获取信息和机会。强关系在社会关系体系中，起到维系的作用，而弱关系则是如同纽带一样帮助不同集体建立联系，也是社区整合不可或缺的因素。

对于数字媒介技术广泛应用的今天，社区作为促进老年人与邻里、老年人与社区交往的群体，既要促进老年人线上与旧友、老邻居、老同事等之间的弱关系，促进彼此之间的回忆和情感分享。又要有线下老年人与邻里、老年人与社区之间既有彼此较强信任度的强关

图23：马克·格兰诺维特的关系强度4个指标

系，强关系的建立是需要在老年人与邻里、社区之间的情感高度融合之上的。而这一情感的建立和形成是需要社区能够为老年人提供比较稳定、且较持久的互惠交换关系的服务基础之上。这就要求社区要在为低龄空巢老年人提供服务的过程中，应该充分发挥自身作用，充分调动老年人与邻里之间相互交往和互助的积极性，充分发挥社区组织和维系社区关系的主观能动性，通过建立具有持久且可以循环的社区服务活动或项目，增强老年人与邻里和社区之间的黏度，提高彼此之间的信任度，进而满足老年人在情感上的需求。从中我们可以得出如图24所示“老年人感情需要关系强度”图。

1. 社区要增强老年人与邻里关系强度，就必须找寻老年人与邻里互动频率高的服务机会。通过灵活多样的社区活动，提高老年人外出交流的频率。

2. 社区要增强老年人与邻里关系强度，就必须激发老年人感兴趣的社区活动，吸引老年人共同参与组织策划，并在邻居和社区工作人员的协助下增加老年人的情感密度。

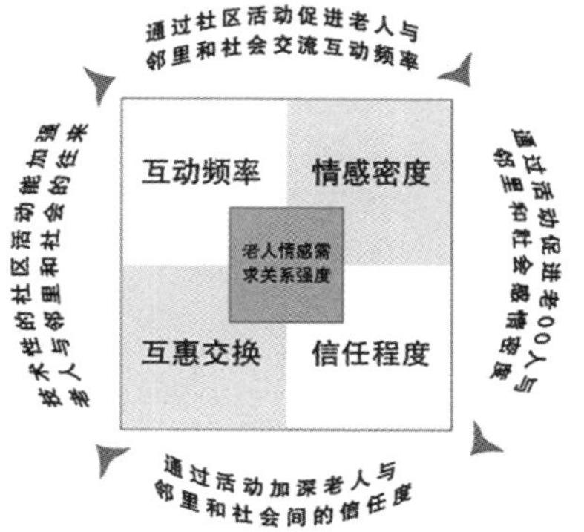

图24：老年人感情需要关系强度

3. 社区要增强老年人与邻里关系强度，就必须给老年人提供一个可以稳定发展且可以持续循环的社区服务项目或活动，增进老年人与邻里交往的频率，增进彼此之间的信任度。

4. 社区要增强老年人与邻里关系强度，就必须设计一套完整而全面且适合老年人需要的活动，通过老年人之间的交流和相互学习，老年人可以收获更多属于自己的劳动成果供自己使用，或老年人之间互相分享体会和感悟，或老年人将自己的成果分享给更多有需要的人，或将其进行展览或拍卖，进而达到促进互惠交换的目的。

深受众多老年人喜欢的社区活动介入社区，表现在这项活动是否在社区建设中有存在的价值，或社区组织开展这一项活动时受到社区众多老年人或居民的支持和赞同。在此基础上，众多老年人喜欢的社区活动才能更加广泛地介入到老年人生活和私人空间乃至社会议题等领域，以深受众多老年人喜欢的社区活动作为沟通媒介促使老年人参与互动性的社区活动之中，共同构建社区与老年人的共同的利益，并得到老年人、邻里、社区、社会的认同，这才是深受众多老年人喜欢的社区活动介入社区营造的真谛。

因此本研究试将营造以社区为核心，以满足老年人情感需求和实现自我价值为目的，以既适合老年人情感、精神需求，又能为社区持续发展和社员共赢的活动项目为载体，在符合国家政府相关政策要求和扶持下，依据社区自身所在城市及其周边社会、人文等环境，为社区内老年人及其邻里创办既可以盈利又可以交流情感和自我价值实现的创意产业，为社区内所有社员营造和谐、稳定、健康的"社区——老年人、邻里、活动、产业、环境"新型和谐家园模型，如下图25所示。

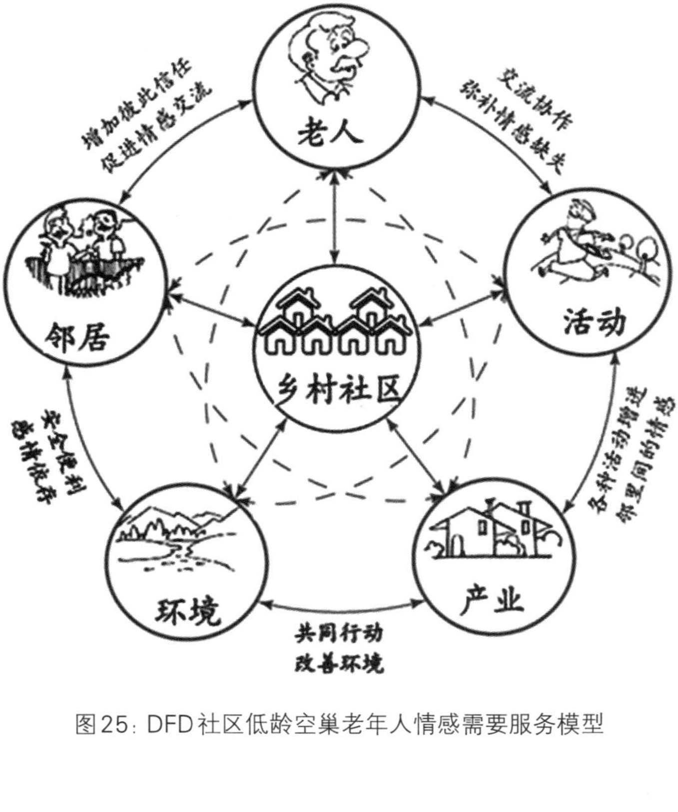

图25：DFD社区低龄空巢老年人情感需要服务模型

在社区营造“老年人—活动—产业—环境—邻里”5个方面的服务模型，如图25所示。其中在老年人方面的服务模型，主要表现为以深受众多老年人喜欢的社区活动形式来表达社区议题（上述7个社区为老年人情感需要提供的主要机会之一），结合本社区自身特点和长处，促使本社区老年人、居民、团体、志愿者等共同参与深受众多老年人喜欢的社区活动之中，让老年人在活动中充分发挥自己的特长，给老年人提供可以促进与邻里交流协作的机会，满足老年人情感需求，弥补老年人情感缺失等问题。

在深受众多老年人喜欢的社区活动方面，不仅给老年人情感交流上带来满足感，也给社区树立自身良好形象和社区凝聚力的提高带来更多的无形价值，也为社区创立自己品牌形象奠定了良好而坚实的基础。

在产业方面，深受众多老年人喜欢的社区活动与社区为其进行的经营模式，形成了本社区自己的创意产业，该产业的形成需要当下武汉市社区积极与社会相关团队进行合作，并在政府支持和帮扶下，建成以老年人情感需求和社区活动持续稳定发展为目的，多方共建与共赢的新型社区创意产业，并带动周边社区和当地相关产业的发展。

在环境方面，深受众多老年人喜欢的社区活动，不仅能满足老年人的情感需求和社区自身发展，也能在拉近邻里之间关系的同时，为社区居民创建良好的社会环境，或能够改变社区内老年人日常活动的社区生态环境。

在邻里方面，深受众多老年人喜欢的社区活动，在建设过程中，离不开社区邻里的帮助和支持，离开居民支持的社区活动，犹如失去水而航行的轮船。只有在邻里的支持和帮助下，社区的活动才可以有效推广。正是有了社区邻里的需求,深受众多老年人喜欢的社区活动才能稳定发展,才能增加老年人情感交流的对象,才能促进老年人情感交流的机会。

社区既是活动的发起者、组织者、参与者,也是基础设施、设备、资金的投入者,也是经济利益的创收者和分享者。社区给老年人提供可以促进老年人情感需求的交流活动,老年人不仅可以通过活动与邻里认识,还可以通过社区设计的活动频繁与邻里交往,增进老年人与邻里与社会的交往频率。随着老年人与邻里之间交往频率的增加,老年人与邻里、与社区之间的情感密度也在不断增加,老年人原有对身边人的怀疑、不信任等情绪逐渐被深受众多老年人喜欢的社区活动所代替,彼此相互信任的老年人开始主动与邻里进行心灵沟通,借助社区平台,彼此通过QQ、微信等互相扫码成为好朋友,随时可以查看对方的空间,查看好友留言和彼此的心情体会。

老年人之间的情感加深给社区活动和社区产业带来了极大的动力和支持,社区活动的兴盛带动了社区产业运营效率和生产效益的增加,为社区改善社区服务和社区环境提供了资金和帮助。良好的社区生态环境和安全稳定的社区环境,不仅有利于老年人的休闲生活,也给邻里的居家安全带来方便,社区的健康发展也必然会通过社区活动回报邻里的付出。社区产业运营在满足老年人情感交流的同时,也使老年人的自我价值得以体现,给老年人再就业提供了更多的机会。

二、DFD社区低龄空巢老年人情感需要服务设计指南

服务设计是一种将多种工具和原则结合在一起的学科方法,是一种非常新颖、独到的思维方式。随着新想法的不断发展,实物和假想的结合能够更加完美地体验到,服务设计是在离线和假想的结合

中产生的新的领域。创新的设计理念作为服务设计已深入到多个领域，并为该领域的发展带来了诸多好处。服务设计已经成为社会革新的动力，这是共享经济，谁都可以通过网络连接的时代，需要更加缜密、创造性的构想。服务设计发挥每个人的力量，服务提供者可以把服务有机地结合起来，发挥每个人的力量。每一位设计师都可以在服务设计中找到自己的位置，同时用户、研究者和组织之间的关系也在逐渐发生变化，角色的变化形成更加平等的协同作用的关系，因此，在很多企业的产品开发过程中，以使用者为中心的研究者和研究者共同合作，正在转变成创新性的方式。

《This is service design thinking》的作者Marc Stickdorn总结了服务设计的五大原则，提出建设性观点，具体原则的内容可以参考下图。笔者结合作者的观点和自己的想法，阐述以下五项原则，如图26所示。

基于对都市低龄空巢老年人情感需求的全面把握，遵守Marc Stickdorn的五大服务设计原则，和对格兰诺维特关系强度四个指标（图23）的理解，总结出社区在为低龄空巢老年人情感需求提供服务

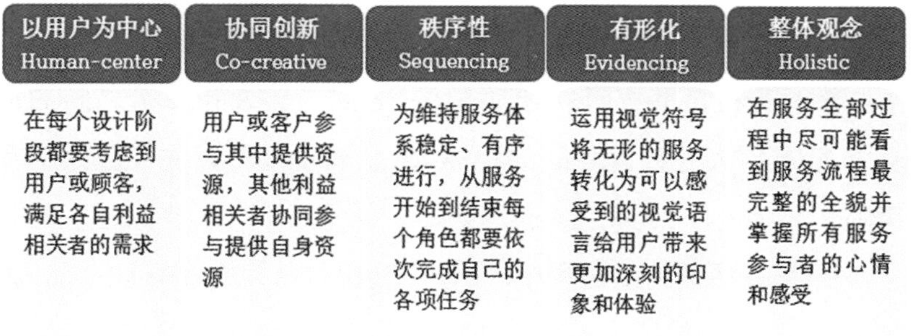

图26：服务设计五大原则

时应该从以下几点出发:

第一,尽可能依低龄空巢老年人熟悉的、容易操作的服务活动或项目,提高老年人主动参与社区活动的频率。尽可能给老年人提供与邻里之间相互协助的服务,增进彼此相互了解的密度。

第二,尽可能依低龄空巢老年人传统生活方式,或老年人日常生活中经常从事的活动及老年人个人兴趣爱好为设计原型进行活动设置。老年人的兴趣和爱好是社区活动能够持续推进和活动高参与率的保障。可持续性强的服务才可以给老年人与外界交流创造更多较为稳定的社交机会。

第三,尽可能主动去了解老年人退休前的专业特长,这是社区活动的主要动力和智慧源泉,让老年人的专长在社区活动中尽可能得到发挥。

第四,通过老年人自己动手创造出来的成果最能引起老年人内心情绪的高涨,社区如能在此基础上给予老年人一个可以展示的平台,将会进一步增加老年人对社区的热爱、对社区活动的支持。

第五,在活动进行中,要尽可能多地增加老年人与他人、老年人与事物、老年人与环境的互动,通过老年人与邻里、社区服务人员、社区外人员、社区设施设备、工具、熟悉的场景和环境等接触、交流,增强老年人和邻里之间的互动来往,增进老年人和邻里之间的情感,拉近老年人与社区之间的距离,改变老年人对以往社区的不良印象。

第六,在活动持续过程中,要善于利用数字媒介和智能产品,为老年人建立线上社区大家庭。同时还要尽可能满足低龄空巢老年人的认知需求和心理。

第二节　DFD社区为低龄空巢老年人提供花卉栽培的策略

从社区层面来看，社区是城市老年人活动、交往、生活的主要场所，从前面对武汉市老年人调查结果可以看出，退休后大部分老年人的日常生活和活动主要集中在社区范围内。要把社区建设成老年人休闲的乐园，就需要社区借助政府和社会力量共同对相关活动场所进行建设或改造。因此，DFD社区在进行花卉栽培时，首先为老年人提供了与花卉栽培相应的教学—育苗—种植、采摘—收集存放—加工制作—展示拍卖等场所，这是维持花卉栽培能否正常运营的基础设施和必备条件。

从人员构成来看，社区的建设不仅需要社区工作人员，也需要社区内有专业特长或经验丰富的退休老年人成为社区活动专家或技术骨干，社区建设更离不开社区内对该活动有兴趣和想参与的老年人。通过积极参与活动老年人获得的成果和体会，来影响社区内被家庭束缚、消极被动，和已成为电视和麻将奴隶的老年人，使他们能够调整心态，自愿参与社区活动。所以，DFD社区在进行花卉栽培基础建设的同时，需要招募花卉栽培专家对社区内的员工和一部分社区内愿意参加花卉栽培的低龄空巢老年人进行有计划的培训和指导，以备花卉栽培项目在运行过程中老年人和员工或志愿者之间随时进行技术交流和沟通，让老年人在轻松自然的学习与劳作中彼此相助增进交往。

从政府和社会层面来看，在面对日益快速增加的老年人口，政府如何让老年人度过一个轻松、愉快、高质量的晚年，如何维护社会的稳定健康的发展，基本已得到中国各级政府和有关部门的高度重视，各地政府也根据本地实际情况制定了相应的政策和措施，鼓励和支持社会力量和社区建设相结合，为老年人提供更加丰富的社区休闲活动。在武昌区政府领导下的DFD社区也不例外。本研究在为满足DFD社区低龄空巢老年人情感需求的同时，也在为DFD社区能否成为可循环、可持续发展进行相应的设计；在促进社区邻里之间相互往来和帮助的同时，也在将DFD社区花卉栽培作为一项产业进行经营；在给老年人与邻里之间带来情感分享和满足的同时，也在为DFD社区花卉栽培作为老年人休闲场所进行设计；在给老年人提供实现自身价值的同时，也在为DFD社区花卉栽培能创造一定经济价值，实现一项适合本社区低龄空巢老年人日常休闲和愉悦的经济产业而进行相应的设计。

因此，本研究通过对花卉从种子—育苗—培植—采收这一自然生长过程及其每一成长时期所呈现的不同状态入手，在其中寻找能够给老年人带来快乐的接触点，运用智能手机来记录老年人快乐的心情，借助社区网络平台向老年人的子女、旧友传送老年人的快乐。从花卉生长这一过程，进一步建设老年人与社区接触的物理接触点。在花卉成长这一过程基础上，进一步扩大老年人与社会的接触机会，实现自我价值，进而增设种苗储藏区—花卉加工区（鲜花包装、干花加工）—花卉DIY区（以花叶、花瓣、茎、根为元素）—花卉展览拍卖区—花卉赠送成果分享区等。建立不同区域就是为满足老年人的不同兴趣、爱好和情感需求，让老年人与邻里和员工等共同参与不同区域活动给他们带来的快乐和喜悦。

第三节　武汉市DFD社区花卉栽培服务利益关系者分析

DFD社区以老年人为对象进行的花卉栽培社区，从项目利害关系者的需求分析开始，对需求进行调查分析。详查花卉栽培流程，力求为该方案的可持续发展提出合理的设计方案。老年人的节目体验不仅能稳定他们的情绪，还能考虑到多种经济利益，满足各种利害关系者的需求。

针对DFD社区为老年人进行的花卉栽培是对社区助老服务系统和流程的设计，从分析该系统中的利益相关者入手，针对不同利益相关者的需求进行调查分析，然后根据栽培花卉的过程进行详细梳理，获得花卉栽培社区服务相关方面的服务附加值，为该方案的可持续发展找到合适的方向，进而完善该服务系统，提高老年人在该系统中的体验，最大限度地满足各利益相关者的各自利益。

花卉栽培社区设计服务是以社区为平台，为社区内老年人提供相关服务。在此过程中，涉及老年人、子女、邻里（社区内上班族、儿童等）、社区、社区工作者、志愿者、技师（专业技术指导者）等不同的利益相关者，他们会不同程度地参与到整个花卉栽培系统中，并且每个角色在系统中起到不同的作用。

从服务的提供者和接受者来看，在花卉栽培社区设计服务中的社区是服务的主要提供者，社区不仅要提供相应的技术指导、种植用地、维护设备、教室、展厅、储藏室、培育室等相关技术和设施，还要提供线上交流、分享平台的建立和维护等；社区一部分工作人员要做

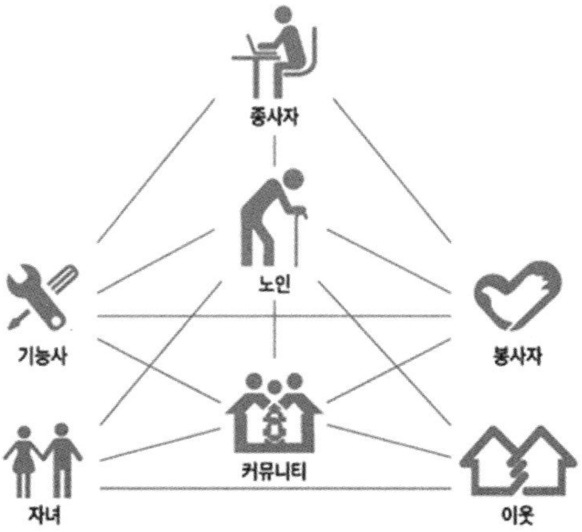

图27：DFD社区主要关系者

线上、线下整体协调与管理工作，一部分工作人员要与志愿者辅助老年人完成栽培中的每个环节的需求；技师（专业技术指导者）主要帮助没有栽培经验的老年人进行线上辅导、线下面对面的指导等工作。老年人是主要的服务接受者，在此过程中老年人在享受服务时，也会不同程度地参与到该系统的维护和建设中，从而发挥自身的特长和优势，在这种情况下，相对于其他服务接受者——子女、社区中的邻居（上班族、儿童等）而言，参与到服务过程中的老年人同时又成为服务的提供者，这也可以充分调动老年人们参与的积极性，使他们在整个过程中能感受到成就感和愉悦感。图27是为了便于理解而绘制的服务利益关系者图。

第四节　武汉市DFD社区花卉栽培服务流程

结合武汉市政府政策、新闻报道等资料的收集，以及对老年人爱好兴趣和日常活动等调查分析，在此依据花卉生长过程和老年人栽培花卉的过程，绘制出相应的花卉栽培社区设计服务系统流程图，如图28所示。

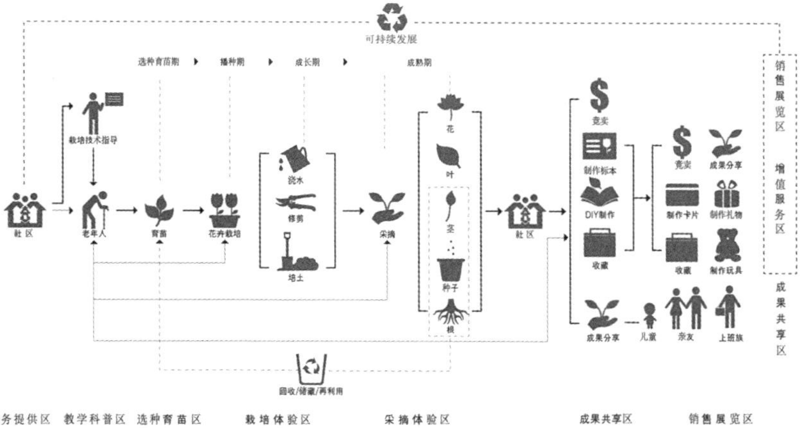

图28：DFD社区花卉栽培服务流程图

为了能够为老年人更好地做好花卉栽培活动，调动老年人主动积极参与社区活动，扩大交流范围，并且能够保证花卉栽培活动具有可持续发展的生命力，本方案首先从老年人需求入手。每个老年人个体不同，其所需就不尽相同，比如老年人的退休时间不一，又如有些老年人需要照顾家里的孙辈等，所以老年人在参加花卉栽培过程中，可以根据自身的需要，随时加入种植队伍，本方案系统流程图一来按照花卉生长过程（选种子或幼苗—栽培—成长—成熟）为序，二来便于不同情况的老年人随时加入种植团队，系统流程图中明确绘制了参与的路径。对花卉种植知识不了解的老年人可以在教学区先学习，然后进入选种区了解不同种苗的特点，之后进入种植区进行栽培体验，分享栽培中老年人之间、老年人与技术指导人员与志愿者之间的快乐；体验采摘区丰收的喜悦；与家人、社区内的上班族以及社区外的孩子们分享劳动成果；用老年人自己种植的花卉回报社会，在公共场所进行花卉展览和销售，增加老年人与社会交流的机会，和实现再就业的机会。对于花卉种植有经验的老年人，和因为其他事情不能经常参加栽培的老年人，可以根据他们的喜好和能力，自主选择随时进入花卉栽培中的任意一区，体验栽培带来的精神享受。

其次，为了能够扩大老年人在活动中结交更多的知心伙伴，为老年人设置了教学科普区、选种育苗区、栽培体验区、采摘体验区、成果分享区、销售展览区、增值服务区和储藏区。这里每个活动区域的设置实际上都是为老年人与邻居之间，老年人和子女、亲戚、朋友之间，老年人和社区员工、志愿者之间，老年人有与外界社会之间提供了一个可以增加交流的空间，扩大老年人社交范围和渠道，培养老年人的兴趣和爱好。

第三，本系统流程图右下角是花卉栽培社区设计服务的增值服务区，该区的建成不仅可以满足老年人的精神需求，也可以直接为老年人创造更多的就业机会；不仅为老年人和家庭缓解了经济压力，也减轻了政府和社会的负担，这种多赢的社区服务模式值得向社会推广，让更多的老年人得到心理和精神上的满足。同时为了更清晰地读懂花卉栽培社区设计服务系统流程图，本方案对其进行进一步梳理后得到表16，这对本方案快速进入社会，服务更多的社区和老年人有一定的帮助。

表16：花卉栽培社区设计服务流程信息

	主要服务内容	主要线上交流对象	主要线下交流对象	主要服务对象	服务目的
教学科普区	1. 栽培相关技术指导； 2. 网络、APP运用； 3. DIY、标本、礼品、包装等教学	教师、 老年人	教师、志愿者、学院、员工学员	老年人；社区内残障人	1. 普及种植、制作等知识 2. 向老年人普及网络、APP操作与运用 3. 扩大社交对象，扩大社交渠道，增加社交频率
选种选苗区	协助老年人选择自己喜欢的种子或花苗	社区 内残障人	志愿者、 员工	老年人	1. 增加老年人社交频率 2. 为残障人提供虚拟种植园
栽培体验区	协助老年人播种、育苗、分株、培土、浇水、施肥、撒药等	技师、老年人、家人、邻居、朋友、社会其他群体	技师、志愿者、员工、老年人	老年人、子女；邻居	1. 增进老年人与子女沟通的机会 2. 扩大老年人社交范围 3. 老年人可以分享自己的故事 4. 老年人可以分享自己的体验 5. 让老年人情感尽可能释放
采摘体验区	采集可以制作标本、干花、DIY等使用的花、叶子、种子、茎、根等	技师、老年人、家人、邻居、朋友、社会其他群体	老年人、志愿者、员工、技师	老年人、子女；邻居	1. 增进老年人与子女沟通的机会 2. 扩大老年人社交范围 3. 老年人可以分享自己的故事 4. 老年人可以分享自己的体验 5. 让老年人情感尽可能释放

（续表）

	主要服务内容	主要线上交流对象	主要线下交流对象	主要服务对象	服务目的
成果分享区	分享老年人的劳动成果：鲜花、书签、卡片	老年人、家人、社会其他群体	老年人、家人、邻居、上班族、社区内外的孩子	老年人、子女；社区内上班族、社区内外的孩子等	1. 增进老年人与子女沟通的机会 2. 扩大老年人社交范围 3. 老年人可以分享自己的故事 4. 老年人可以分享自己的体验 5. 让老年人情感尽可能释放 6. 服务社会 7. 实现自我价值
销售展览区	1. 鲜花、干花展览 2. 鲜花、干花售卖	社会各界人群	老年人；社会其他群体	老年人、社会各界人群	1. 扩大老年人社交范围 2. 提供再就业机会 3. 实现自我价值
增值服务区	1. DIY 区进行手工设计制作； 2. 包装区为鲜花、干花的销售提供包装	老年人、子女；社区内残障人；社会其他群体	老年人、子女；社区内残障人；社会其他群体	老年人、子女；社区内残障人	1. 增进老年人与子女沟通的机会 2. 扩大老年人社交范围 3. 老年人可以分享自己的故事 4. 老年人可以分享自己的体验 5. 让老年人情感尽可能释放 6. 服务社会 7. 提供再就业机会 8. 实现自我价值

（续表）

	主要服务内容	主要线上交流对象	主要线下交流对象	主要服务对象	服务目的
储藏区	1. 储存种、苗； 2. 储藏干花、叶、茎、根等，为干花、礼品等制作提供原材料			老年人、子女；社区上班族等	持续为花卉栽培再循环和服务持续发展奠定基础

最后，为了更详细地了解花卉栽培社区设计服务系统，能够让更多的老年人快乐地享受晚年生活，接受更多外界信息。本方案借助花卉栽培社区这一平台，为社区内老年人和其他需要帮助的人群义务提供线上教学、交流体会等服务。同时针对社区老年人开发种植APP，不仅老年人之间可以相互交流和沟通，也为城市老年人的子女提供与父母无缝沟通的工具，使他们能够时时获取父母的动态，以便

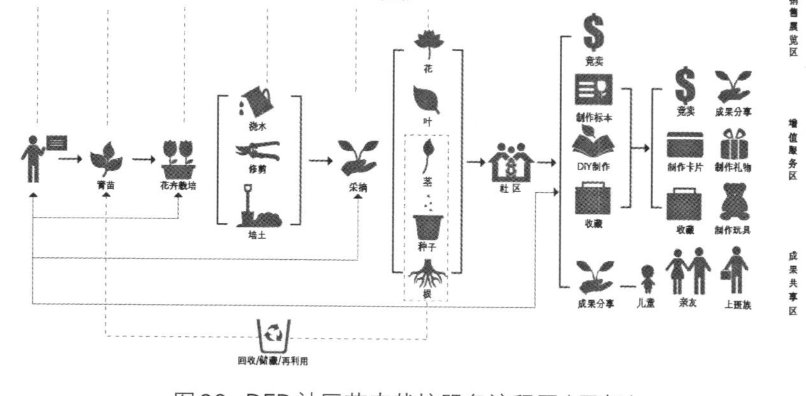

图29：DFD社区花卉栽培服务流程图（局部）

随时联系，让更多远离父母的子女安心为社会创造更多的价值。这也是该服务系统另一个核心价值所在，这也为更好地满足智能社会下的智能社区、智能家庭做了良好的基础铺垫。

本系统流程图的右下部分是花卉栽培社区设计服务的附加价值服务区和储藏区。这两个区域的建成，不仅可以满足老年人的精神需求，还可以为老年人创造更多的就业岗位，同时为本区域的持续发展打下坚实的基础，减少老年人和家庭的经济负担，减少政府和社会的负担。这样从多方面获得利益的社区服务模式值得在社会上推广，让更多的老年人得到心理和精神上的满足。为更明确地了解花卉栽培地区设计服务系统流程，本方案进一步整理得出表14，这对于这个方案尽快走向社会，为更多的地区和老年人提供服务，是有一定帮助的。

第五节 武汉市DFD社区为花卉栽培过程中可视化分析

一、DFD社区花卉栽培过程中用户角色创建

用户角色创建（Persona）是用户模型的简称，是服务设计中常用的设计方法，用户是具有共同或者相似的属性人群，用户角色创建方法采用一个用户角色代表一类用户群体的虚拟模型。一个典型的用户角色要有性别、年龄、情感、生活状况、对服务产品的需求等内容。通常一个服务产品需要 3~6 个角色模型代表所有用户群体。本研究通过前期对DFD社区低龄空巢老年人基本情况、老年人日常休闲活动及兴趣爱好等调查和了解，确定了花卉栽培活动中老年人的四种类

型，如表17所示，并针对每种不同类型的老年人创建了典型人物角色，来代表DFD社区低龄空巢老年人群，并对其角色特征进行描述。

表17：DFD社区花卉栽培服务中老年人的四种类型及其特征

类型	经验型老年人	学习型老年人	体验型老年人	参与型老年人
特点	对花卉栽培有强烈的兴趣和热情，在退休前可能从事过花卉栽培或相关工作。他们一般都具有一定的种植经验。	对花卉栽培抱有较大的热情，希望以此来美化居住空间，培养健康的生活兴趣，并结交朋友。	或因家中有事情，或有其他爱好，或他们虽然不是喜欢花卉栽培，但他们喜欢欣赏花卉，这部分老年人男性居多。	虽然不懂花卉栽培技术，但他们对生活充满了爱心，他们喜欢与外界各种人群交往。
	普遍会在花卉栽培活动中投入一定时间和精力，能够处理植物在生长过程中浇水、施肥、防病虫害等问题。	虽然没有种植经验，但他们愿意参加社区的花卉栽培活动，愿意与其他邻里共同学习和交流。	不能经常参与社区栽培活动，有空闲或在朋友邀请时，才加入栽培活动中，体验和邻里交往的乐趣。	愿意分享自己的快乐给他人，也愿意帮助他人或愿意为社区做公益性活动，或做志愿者。
	这部分老年人家中一般都有花卉栽培的种植工具和基本设施。他们种植的花卉除了供自己欣赏外，也会赠送亲友，或网上销售等。	家中有种植花卉的条件和空间，稍加培训就可以成为一个很好的养花能手。	通常这种老年人家中有易于生长，不需经常打理的花卉或其他植物。	
	这部分老年人在DFD花卉栽培社区中可以担任专家或技术指导教师等工作。	这部分老年人是DFD社区最积极的参与花卉栽培的，所以在活动中可以多发挥他们的优点。	DFD的花卉栽培属于随进随学，喜欢哪个环节就可以直接进入的一种活动。	社区可以发挥他们的这一特点，可以为其提供志愿者的岗位。

对于DFD花卉栽培最核心、最重要也是最直接关系到社区服务效果的两个因素就是老年人对社区提供花卉栽培活动的兴趣和他们希望社区为他们提供可以促进邻里之间交往的情感需求，只有在具备这两个要素条件下的低龄空巢老年人才是服务的目标用户。这里结合前期对DFD社区老年人情况的调研结果，图18和图19将老年人喜欢进行花卉栽培作为Y轴，将老年人希望与邻里进行情感交流作为X轴，进而建立一个关键维度来确定DFD社区花卉栽培服务关键维度中老年人等级结构图30。结合上表，我们可以看出，经验型老年人是社区服务中深层参与者，是DFD社区花卉栽培中最核心的内容创造者；学习型老年人的参与度次于经验型老年人，但同样也是

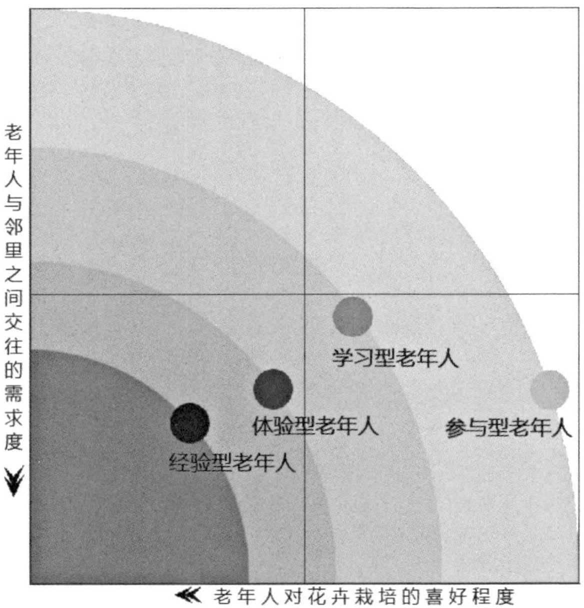

图30：DFD社区花卉栽培服务关键维度中老年人等级结构

花卉栽培中的主要参与者；而体验型老年人和参与型老年人则是浅层的参与者，这部分老年人在调查中大都以玩麻将或看电视来排解日常的孤独感，这部分老年人具有一定的数量，对花卉栽培活动的进行有一定的帮助，尽管他们不是花卉栽培的主要创造者与提供者，但作为信息的接收者，他们也是协助花卉栽培持续运作的关键群体，同时他们的行为直接影响社区服务信息的筛选与过滤，是保证服务质量的不可或缺的群体。四种类型的每一种细微的Persona可以参见表18—21。

表18：典型用户角色——体验型老年人

	生活方式	儿子和女儿都在国外，因语言不通愿意自己生活。退休前在某农科所工作，对植物的生长和栽培有一定的了解，特别对土壤及植物的培育有一定研究。退休后有大量空余时间，也在自己家的阳台和花园里培育了多种花卉和药草。
基本信息 李奶奶 66岁 退休前工作： 农业科技活动	日常爱好	除了栽培花卉以外，经常上网购物，使用微信与子女和朋友交流。
	动机	以自己种植的花卉为媒介，通过网络和微信建立朋友圈，随时拍摄自己的成果并分享给朋友。 每年都要参加武汉市政府举办的花卉种植竞赛。 丰富退休生活，帮助锻炼身体。
	需求	希望与邻里分享自己的成果。 希望为社区内喜欢花卉栽培的老年人进行指导。

表19：典型用户角色——学习型老年人

<table>
<tr><td rowspan="4">
基本信息
赵女士
61 岁
退休前工作：
护士</td><td>生活方式</td><td>因儿子工作需要，刚从其他城市搬到 DFD 社区，一人空巢。日常生活注重生活品质，喜欢将家庭打理得井井有条。退休前一直忙于工作，没有闲暇时间从事自己喜欢的活动。</td></tr>
<tr><td>日常爱好</td><td>喜欢阅读时尚杂志，经常浏览网上各种空间装饰图片，喜欢用植物点缀自己的居住环境。</td></tr>
<tr><td>动机</td><td>为家庭提供温馨健康的环境。
结交新邻里，认识新朋友。
丰富退休生活。</td></tr>
<tr><td>需求</td><td>希望学习花卉栽培知识，种植自己喜欢的花。
希望学习插花艺术和干花制作，美化空间。
对新环境感到陌生，与社区邻里之间不熟悉，希望有机会与其他居民进行沟通。</td></tr>
</table>

表20：典型用户角色——体验型老年人

<table>
<tr><td rowspan="4">
基本信息
李先生
63 岁
退休前工作：
公司经理</td><td>生活方式</td><td>退休成为其他公司的顾问，在社区活动的时间不多，但有时间也会参加社区组织的活动。</td></tr>
<tr><td>日常爱好</td><td>喜欢创意活动，乐于组织或参与环保活动，爱看书。</td></tr>
<tr><td>动机</td><td>参与活动的组织团队。
结交志同道合的新朋友。</td></tr>
<tr><td>需求</td><td>了解具有创意的种植活动。
希望规划居家空间获得装饰性的植物。
希望借助社区平台获得有过活动的信息，结识更多有共同爱好的朋友。</td></tr>
</table>

表21：典型用户角色——参与型老年人

<table>
<tr><td rowspan="4">
基本信息
孙奶奶
58岁
退休前工作:
记者</td><td>生活方式</td><td>孙奶奶是DFD社区内以兴趣为出发点参与社会活动群体中的一个典型缩影。老年人经济状况良好，经常得到国外女儿的资助，日常生活中特别喜欢养花，且购买了大量种植工具，老年人经常在市场上购买鲜花和盆景等，但因缺少种植经验，所购买的植物经常枯萎。</td></tr>
<tr><td>日常爱好</td><td>喜欢花卉种植，喜欢用干花加工手工艺品。</td></tr>
<tr><td>动机</td><td>学习花卉栽培知识和种植技术。
展示自己手工制作和绘画等特长。
丰富退休后生活。</td></tr>
<tr><td>需求</td><td>希望和邻里分享自己的作品，并给予意见。
希望社区提供花卉栽培的技术，和邻里一起种植，增进相互情感交流。
希望学习与花卉栽培相关的手工制作。
通过将自己用花瓣、叶片设计制作的卡片分享给社区的孩子，与孩子互动和交流。</td></tr>
</table>

和相关每个时期所呈现的不同成果，在给老年人带来快乐的同时，也根据花卉从种子到成熟，从种子到鲜花，从鲜花到干花，从干花到叶片、花瓣等加工制作等，每一步都存在大量的商机。

二、DFD社区花卉栽培过程中用户场景（Scenario）创建

每个虚拟的人物角色在一定程度上都基于现有的一类用户群体，并代表了这类群体的属性，包括用户目标，需求期望，行为习惯等。通过塑造服务内部的用户角色，帮助设计师更清晰地了解用户的需求与目标，保证所设计的服务能面向正确的目标用户群。在建立

人物角色模型的基础上，构想服务场景，能够更好地了解用户在场景中所有可能发生的行为与所需要的服务内容，从而搭建服务原型。在构想服务场景的过程中，我们所需要思考的问题有：这个人物角色会产生怎样的行为以达到目标；这个人物角色将在怎样的环境下与服务中的其他参与者产生怎样的交互方式，以及服务所提供的相应功能。

（一）经验型用户

根据之前的角色模型分析，经验型用户主要有以下两种行为发生：通过分享或售卖自己的栽培产品与他人建立联系，以及对自己的栽培体验进行展示，获取其他参与者的肯定与认可。

1. 栽培成果的分享与销售

李奶奶希望将自己所栽培的花卉分享给社区的其他居民，从而与更多的居民建立联系。她查看了花卉的生长情况后，将可采摘花卉的详细信息在社区种植互动平台上进行了发布，没过多久就有居民表示对此感兴趣。李奶奶与她商量了时间之后，对方约定上门取花。

任务流程	查看想要分享的花卉，及自制卡片，并进行记录	描述并发布花卉的基本信息和特征，和种植体会	查看是否有人浏览自己发布的信息	与接收信息并有需要的进行交流	将分享的花卉和自制的卡片交给需求者，与之互动交流
	线下	线上	线上	线上	线下
服务功能	对自己种植的花卉与卡片进行拍摄	对花卉进行详细描述。分享或销售模式的设置		信息发送与接收	

图31：任务流程与功能分析：花卉成果分享

作为积极参与社区的经验型用户，不仅可以感受收获带来的喜悦，还可以通过记录与其他参与者的成长、信息共享等获得归属感。

2. 栽培体验的展示

李奶奶希望将自己的栽培体验展现给其他的栽培爱好者与社区居民，从而获得自我认同感，并与其他有相同爱好的居民取得联系。于是她将自己家庭花园的形态上传到了社区种植分享平台上，并对其进行了描述。很快就受到了其他居民的好评，纷纷给她留言表示很喜欢她的家庭花园，希望可以亲自来看一看，并与她交流栽培心得。

任务流程	记录花卉成长变化过程	发布花卉成长信息和自己当时的感受	查看留言和评价	与留言的邻居或朋友进行交流	查看其他邻居的留言和他们互动
	线下	线上	线上	线上	线下
服务功能	拍摄工作场景和花卉开花的过程	花卉的特点，生长习性，花期长短		信息发送与接收	

图32：任务流程与功能分析：种植体验的展示场景

通过栽培体验和展示等可以提高自我尊重感，同时还可以通过展示向其他人分享自己的成果，满足自我价值实现的欲望。

（二）学习型用户

学习型用户对于栽培活动有较高的热忱，希望能够学习栽培技术，并从其他的栽培伙伴那里获得一定的帮助。因此这一类用户的主要行为包括对栽培方法、技能的学习以及寻求栽培材料、工具的支持。

赵女士刚搬了新居，想要在家里的阳台上进行花栽培，但是又不清楚应该栽培哪些花，以及如何栽培。于是她在社区种植交流平台上定位了自己的所在位置，查找同小区中的花卉栽培能手。通过搜索发现同小区内有一位居民家中所栽培的花卉长势很好，并且对方很擅长栽培不同种类的花卉，于是添加了对方为好友，并与他取得了联系，表示希望参观对方的家庭花园并咨询花卉的栽培技巧。

任务流程	查询DFD种植信息	选择可用的详细信息和种花者的体会	关注种花者，并进行交流	建立联系，进行花卉栽培技术和情感交流
	线下	线上	线上	线下
服务功能	寻找可用信息	种花人的个人信息	添加关注，信息发送与接收	

图33：任务流程与功能分析：种植方法的学习场景

通过学习花卉栽培，学习型用户对栽培活动热情高涨。因此，通过对这一类型用户进行较详细的栽培方法、技能培训、工具使用等学习，不仅可以实现自我价值，还可以满足情感需要。

（三）体验型用户

体验型用户的栽培目的主要是为了调节情绪、培养业余爱好，体验栽培的乐趣，而对栽培本身的兴趣度与目的性并不强，因此栽培的规模相对比较小，栽培种类也比较单一。针对这部分用户的服务场景主要包括：家庭栽培空间的规划及创意栽培活动的参与。

1. 创意农业活动的参与

李先生对一些创意团体与机构发起的环保活动很感兴趣，除了他平时持续关注的一些组织之外，他还希望能够了解更多的创意活动信息。于是他通过栽培平台关注了几个较系统的推荐本地花卉栽培的经验，并了解了他们最近发起的一些活动信息，发现在周末有一个创意盆栽设计的活动很有意思，于是打算周末去参加这个活动，并与其他有栽培兴趣的市民一起交流心得。

任务流程	查找具有创意和开发的项目或团体	选择感兴趣的合作项目	查看相关活动信息	选择参与感兴趣的活动	参与活动并与其他参与者共同合作
	线下	线上	线上	线下	线下
服务功能	显示DFD社区和花卉栽培项目的详细信息与活动介绍	种花人的个人信息	显示DFD社区和花卉栽培项目的详细信息与活动介绍	显示DFD社区和花卉栽培项目的详细信息与活动介绍	

图34：任务流程与功能分析：创意农业活动的参与场景

2. 家庭种植空间的规划

李先生刚租了一套新居室，想要在家里的窗台上进行种植一些容易打理的、美观的小盆栽，但是又不清楚家里的环境适合种植怎样的植物，也不清楚应该如何去规划空间。于是他在社区种植互动平台上查找了与他窗台条件相似的其他居民的种植情况，看到有一户居民的窗台布置得很巧妙，于是他也参照相同的方式，对自己的窗台进行了规划与布置。

任务流程	选择种植空间	观察邻居的种植情况	了解邻居种植规划的详细情况	选择感兴趣且可以参考的类型进行种植和规划
	线下	线上	线上	线下
服务功能	显示DFD社区和花卉栽培项目的详细信息与活动介绍		显示DFD社区和花卉栽培项目的详细信息与活动介绍	

图35：任务流程与功能分析：种植空间的规划场景

体验型用户可以通过本社区服务的创意农业活动参与部分团体和环境问题活动，从而产生归属感，通过家庭栽培空间进行策划、安排、收获，满足自我实现欲望和审美感性需求。

（四）参与型用户

参与型用户崇尚优雅的生活方式，重视活动的参与与人际社交，并且希望获取安全可靠的食品。因此，参与型用户会参与到的主要服务场景是线下活动的发起与参与。

孙奶奶通过社区种植互动平台关注了几个对插花和盆景艺术很有心得的社区居民。孙奶奶希望能够在社区内发起一个有关插花和盆景种植的活动，以此结识更多的社区居民，并且向他们学习相关种植的知识。于是她发起了一个活动，并邀请了所关注的几位社区居民一同参与到这个活动中来。

任务流程	发起插花和盆景展示活动	设定活动主题以及具体信息	向邻居发起邀请	查看活动参与情况	活动展开，与邻里面对面交流
	线上	线上	线上	线下	线下
服务功能	选择发起活动	选择活动的类型并描述活动开展主题、时间、地点等信息	信息的发送与接收	活动信息展示、评价与更新	

图36：任务流程与功能分析：线下活动的发起与参与场景

参与型用户类型是较稳定的参与活动、重视社交性的类型，在正式服务中不仅可以参与各种制作环节获得归属感，还可以自发参与到其他各个区域。通过这种社区服务看到参与型用户可以满足自我实现欲望和尊敬，以及对情感需求的满足。

三、DFD社区花卉栽培过程中的接触点

触点是指服务系统与服务的使用者及利害关系者直接接触的瞬

间，它是服务设计的核心构成要素，在服务的前、中、后和所有系统用户、消费者或其他利益相关者所经历的每个过程中与服务的交互体验要点。我们可以把服务接触点看作是用户在体验服务路径中的真实瞬间节点，在此过程中存在的接触点越多，就说明其服务越复杂。接触点在建构服务程序与系统过程中，触发服务瞬间进而连成服务线是服务流程的主要关键点，这些关键性接触点是由无数个服务体验碎片拼接而成，其核心的服务与价值是需要通过与用户不同接触来获得沟通和体现的。这条带有不同特点和情绪的服务线构成了顾客旅程地图的时间轴。因此我们可以通过用户在体验服务行程中对每个接触点做出的优劣评价和体验，来掌握用户的所有状况和重要信息，进而来判断对其服务进一步改良和优化设计。接触点具有四种属性，使用者和提供者之间如何交流，通过什么来体验服务，体验和提供什么样的服务以及在哪里体验服务，即服务、产品、交流环境四种属性。接触点的作用在于提供服务组织与客户之间的一种实践、地点的媒介互动行为，对服务过程中的接触点进行归类、洞察、甄别和定义，通过现有接触点设计的优化与创新点的接触点来提升用户服务体验。接触点的价值在于为服务系统提供如何将核心服务与价值有效地传递给用户，顾客通过其服务流程中的接触点来获取服务，这种接触点可以是有形的，也可以是无形的。

为了让老年人们在花卉栽培过程中结交更多的好朋友，社区可以为老年人设立教育科学技术普及区、秧苗选择及秧苗培育区、栽培体验区、体验区、栽培成果分享区、销售展示区、附加价值服务区及储藏区。老年人在这些区域进行活动和操作时，可以彼此间进行交流和互动，通过老年之间，与教师，与社区职员、自愿者等合作、沟通等，

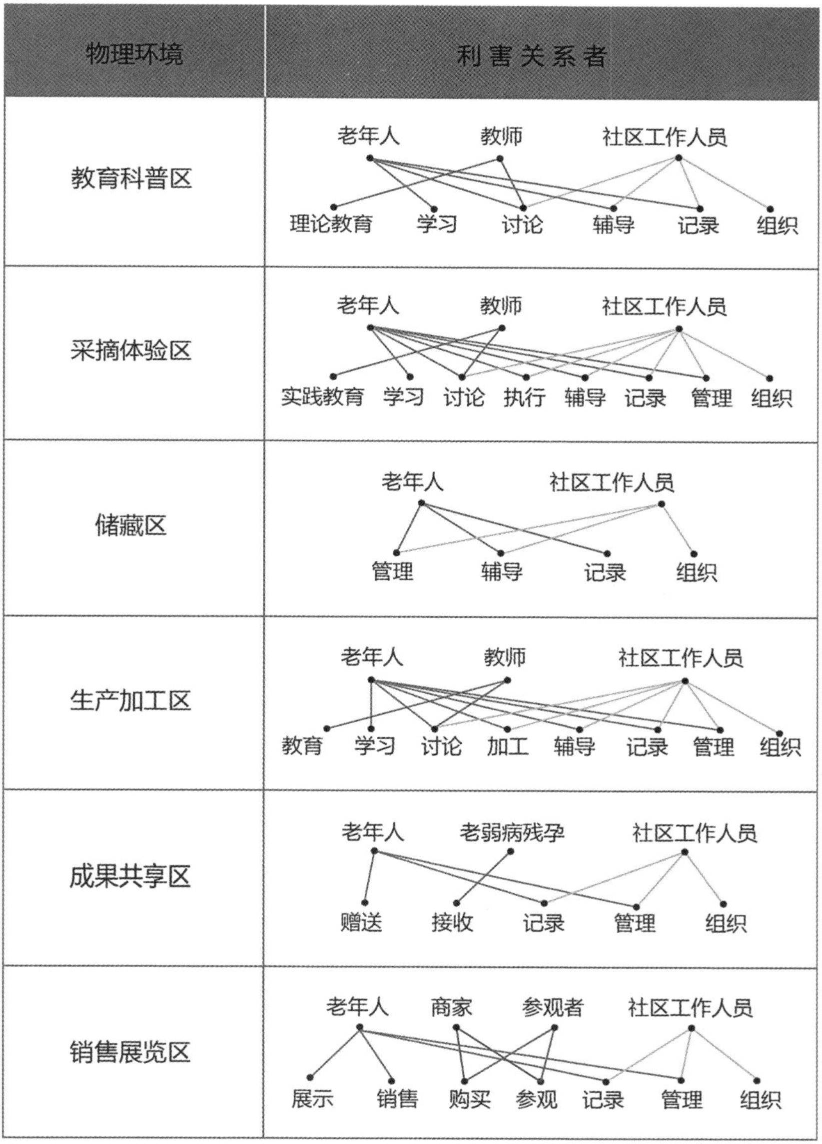

*记录：照片、影像、笔记、语音

图37：DFD社区花卉栽培过程中老年人交流触点

记录老年人在不同时间段、不同区域的心理反应和情绪变化等，为进一步改善社区服务提供理论依据。设立各种活动区域实际上是为了给老年人提供与邻居、子女、朋友、社区、职员、服务者及外部社会进一步交流的机会，进一步扩大社区范围和途径，为进一步扩大老年人的兴趣活动提供空间。

四、DFD社区花卉栽培过程中顾客旅程图

在服务设计概念的整个定义过程中，具体的焦点集中在不能与服务接受者的体验相适应的问题上。服务设计是完全以服务接受者的体验为中心的设计方法，因此，在反映服务接受者体验过程的顾客旅程图是接触点制作的重要参考依据。根据顾客旅程图，可以发现服务接受者（低龄空巢老年人）在体验过程中与服务系统之间已经存在的接触点的负面因素，并可以在开发过程中选定新的接触点。

为了使老年人更好地进行花卉种植，并主动地积极参与社区活动、扩大交流范围、保障花卉种植活动课持续进行，本方案先从老年人的需求入手。每个老年人都是不同的个体，各自的需求也是不同的。例如，老年人退休时间不同，家里的孙子、孙女需要照顾。因此，老年人在参与种植花卉的过程时，根据自己的需要随时都可以参与种植。本方案的系统流水图首先规定了花卉生长（选择种子或幼苗—栽培—生长—成熟）的过程；其次是根据老年人不同的需求，随时都可以参加种植集体。在系统流水图中明确地勾勒出了参与的途径。缺乏种植花卉知识的老年人，可以先到教室学习，在植物种类选择区域了解不同的种植特点，然后再到种植区域体验种植。在种植的过程中，老年人可以与邻居、技师、志愿者分享快乐，在收获体验区可以体验收获的快乐，还可以与家人、上班族、孩子分享劳动成果。

将自己亲手种植的花卉归还社会，在公共场所进行花卉展示和售卖，促进老年人的社会交流。有种植花卉经验的老年人或其他原因，不能按正常顺序经常参加种植体验的老年人，可根据个人情况，任意选择种植花卉体验的一个区域进行体验，并由此享受到体验带来的精神满足感。

通过老年人在每个不同区域所接触人或物进行相互利害关系分析，同时捕捉并记录主要利益相关者在不同区域中的不同情绪变化和心理感受，绘制每个不同过程中的顾客旅行图，为能够获得较为客观和真实的花卉栽培服务蓝图做准备。通过翔实而系统地分析运用可视性较强的图示化符号将冗长、晦涩且难以理解的文字信息转化成能够承载信息的视觉语言，通过对视觉语言进一步编辑和绘制，将其再次转换为可以让受众容易读懂、容易记忆、容易理解的视觉符号，进而形成传播性强、传达率较高的花卉栽培服务蓝图或服务系统图。最终能够促进"为都市空巢老年人情感需要的花卉栽培社区服务"，这一服务模式在更广泛的环境中得以推广，能够让更多空巢老年人受益，给中国政府管辖下的城市社区服务提供一点帮助。

（一）老人在教育科普区域学习时的顾客旅程

1. 互相认识：对于新的环境及新的人际关系的不熟悉，通过互相认识使信赖程度、互助频率、情感密度渐渐增加。

图38：老年人在DFD社区教育科普区域学习室的情感变化

2. 教授课程：教师在教授课程的过程中，教师与老年人之间的互动、信赖程度及互动频率渐渐增加，感情密度渐渐提高。

3. 答疑与讨论：围绕花卉栽培知识点而进行的答疑和讨论，从教师与老年人的互动扩大至老年人与老年人之间的互动，信赖程度及互动频率渐渐增加，感情密度继续提高。

4. 课后互动：在讨论过程中会建立老年人与老年人之间初步的信赖，会引发有些老年人想保持长期交流的愿望，此时具有较高的信赖程度、互动频率及感情密度。

（二）老人在花卉栽培、采摘、储藏和加工区域的顾客旅程

图39：老年人在DFD社区栽培、采摘、储藏、加工区域的情感变化

1. 准备：在准备阶段，对于新的环境及新的人际关系的不熟悉，信赖程度、互助频率、情感密度都处于萌发阶段。

2. 答疑与示范：教师为学员的示范及答疑增加教师与老年人之间的互动、信赖程度及互动频率，感情密度渐渐提高。

3. 实践互助：实践活动的集体化实行和教师与老年人之间以及老年人与老年人之间互助关系的建立，使信赖程度及互动频率、感情密度继续提高。

4. 经验交流：利用实践活动后的时间进行经验的交流，老年人分享自己的栽培经验和感受，活动中的有意思的事情以及互助行为下产生的友情。此时信赖程度、互动频率和感情密集度达到最高值。

（三）老人在成果分享区域与他人分享成果的顾客旅程

1. 展示阶段：老年人对栽培成果进行展示，如何展示成果需要经过集体讨论与现场实践，此过程中需要反复交流、商议、肯定或否定，互动频率较高。

图40：老年人在DFD社区成果分享区域的情感变化

2. 介绍阶段：老年人通过宣传、答疑等方式与其他人进行积极的交流，互动频率加大。

3. 赠送：为顾客提供各种赠送的服务，例如包装或者耐心地告诉顾客花卉产品的养植方法等注意事项，互动频率增加的同时，老年人与顾客间建立很高的信任程度。

4. 接受感谢：接受花卉赠送的人会表达谢意，并有表达与老年人进行交往和交流的愿望，比如互留联系方式，邀请老年人参与其他活动等，老年人因获得他人的感谢，信赖和认可，而产生强烈的自我价值实现。此时，互动频率、信任程度、情感密度和互惠交换均达到最高值。

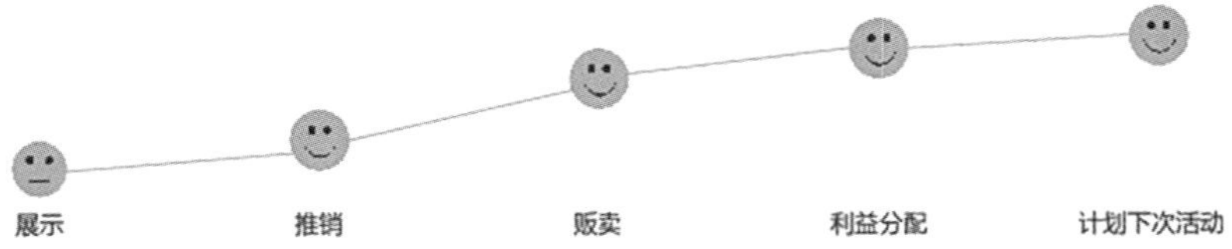

图41：老年人在DFD社区展示售卖区域的情感变化

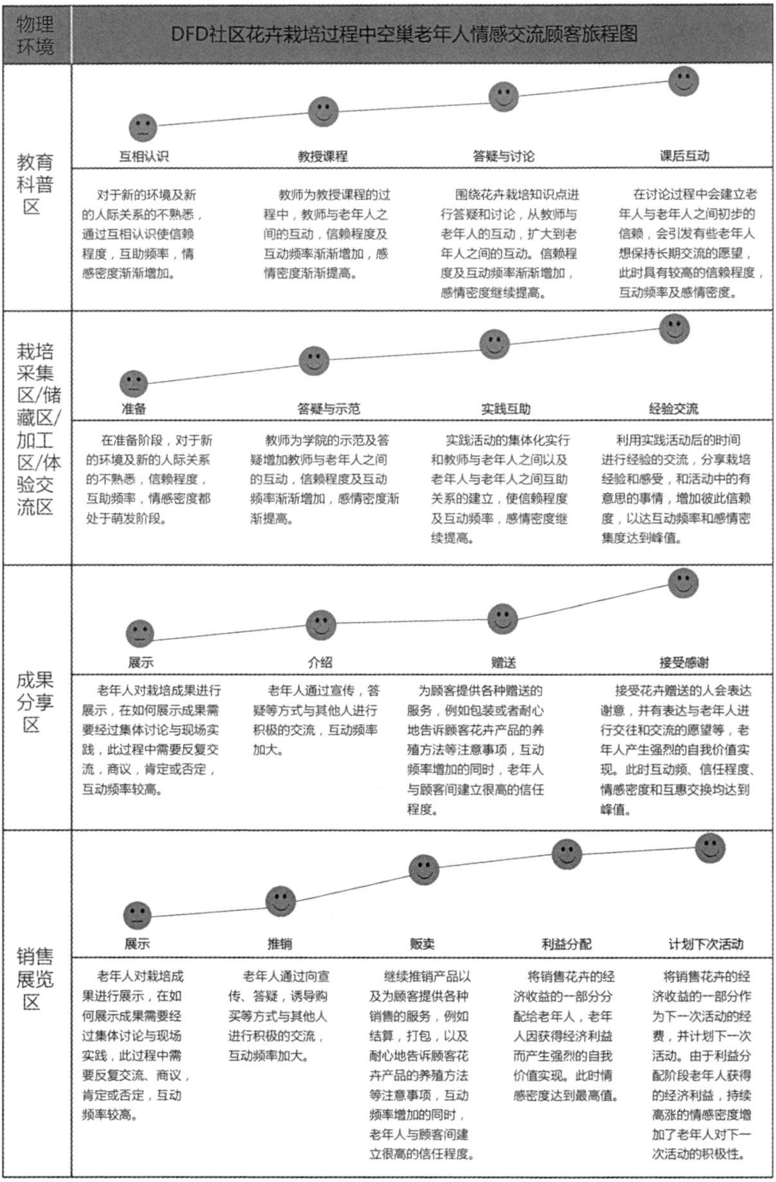

图42：武汉市DFD社区花卉栽培过程中空巢老人情感交流的顾客旅程图

（四）老人在展示销售区域展销和售卖产品时的顾客旅程

1. 展示阶段：老年人对栽培成果进行展示，如何展示成果需要经过集体讨论与现场实践，此过程中需要反复交流、商议、肯定或否定，互动频率较高。

2. 推销阶段：老年人通过宣传、答疑、诱导购买等方式与其他人进行积极的交流，互动频率加大。

3. 贩卖：继续推销产品以及为顾客提供各种销售的服务，例如结算、打包，以及耐心地告诉顾客花卉产品的养植方法等注意事项，互动频率增加的同时，老年人与顾客之间建立很高的信任程度。

4. 利益分配：将销售花卉的经济收益的一部分分配给老年人，老年人因获得经济收益而产生强烈的自我价值实现感。此时情感密度达到最高值。

5. 计划下次活动：将销售花卉的经济收益的一部分作为下一次活动的经费，并计划下一次活动。由于利益分配阶段老年人获得经济收益，持续高涨的情感密度增加了老年人对下一次活动的积极性。

第六章 结 论

一、研究结果

本课题运用服务设计的思维和方法，通过社区这一具有组织性、引导性的特点，联合社会力量，从社区内低龄空巢老年人的实际需求和兴趣爱好出发，为老年人设计一套既可以满足自身情感需要，又可以实现自我价值的最佳服务方案，帮助因退休、缺少社交、缺少子女陪伴等因素影响下的都市低龄空巢老年人从失落、焦虑、孤独、抑郁等负面情绪中解放出来，通过社区给予低龄空巢老年人提供系统的且可持续发展的活动激发低龄空巢老年人正面情感，拉近老年人与邻里之间的关系，从而在弥补老年人情感缺失的同时使之获得更丰富的情感体验。

本课题在研究过程中运用了多种交叉性思维对概念进行探讨，对研究的主要对象进行现状分析，对所研究的目标用户进行深入调查，运用服务设计的方法进行探索，将所探索的结果进行实际运用，取得了以下成果：

1. 以城市低龄空巢老年人因受人口政策、城市发展和老年人退休等外界因素影响，迫使老年人缺少与外界沟通渠道变窄、交流机会不足等为切入点，运用老年人发展心理学和社会学的理论，分析城市低龄空巢老年人的情感需求，引出社区作为中国最小的行政单位有权利也有义务为城市低龄空巢老年人提供情感需求的帮助，并详细论述了社区可以帮助老年人获得一定量情感需求的方向和途径。

2. 通过实地调研来发掘社区低龄空巢老年人的情感需求与社区为老年人提供服务的现状，从服务的提供方、参与方、服务的模式和优缺点、服务活动等多个方面，从对低龄空巢老年群体和个案的观察访谈和问卷等记录结果整理中，总结出城市社区低龄空巢老年人的现状与社区服务之间的设计机会点：沟通和互助的需求，与邻里互动促进情感交流与分享的机会点。而目前中国社区所提供的人际交往平台难以满足老年人交往需求的机会，社区通过给老年人提供与老年人兴趣爱好和实际需求下的共同参与、共同创造和共同分享成果的体验式交流方式是可以成为新的设计机会点的。

3. 本研究总结出在指导城市低龄空巢老年人情感需求的社区服务活动时，要从系统设计的角度去思考，在设计中学会了运用系统的设计思维方式进行思考和设计，通过对接触点的分析构建需求，学会从全局到细节的考虑方式。同时学会了用以人际互动为导向的方法来丰富情感属性，在设计中力求搭建人际互动协助、相互沟通的平台，通过线下面对面的人际互动，和线上成果和体会分享等，加强老年人与子女、旧友和邻里之间的交流频率，进而来丰富老年人情感所需。

4. 在具体设计实践中对前期寻找的机会点进行验证，以具体社区自身特点和特色与该社区低龄空巢老年人自身爱好和所需为依据，结合社区周边实际情况来展现完整的设计过程，并对初步方案设想进行整理和提炼，再加以细化，从而衍生出完整的社区服务系统设计方案。

值得注意的是，“低龄空巢老年人”这个提法只是对老年人家庭关系的客观描述，并不是说所有低龄空巢老年人都有心理问题，只是低龄空巢老年人比一般老年人在心理上更容易产生不良反应。低龄空巢老年人和一般老年人是共性和个性问题，一般老年人的共性低龄空巢老年人也适用，而低龄空巢老年人所表现出的特点在一般老年人身上也能看到细微的影子。从这个角度上讲本课题是选取了低龄空巢老年人这一具有代表性的群体，其研究结果与设计方案也同样适用于其他老年人，这与本课题的主题并不矛盾。

二、展望

老龄化问题是一个永恒不变却又与时俱进的设计课题，因为衰老是自然规律永不消失，始终具有研究的必要性。今天的中青年随着社会和时代的变迁与进步也在慢慢成为日后的长者，不同时代的老年人身上都不可避免地带有自身时代和社会的特点，因此在为老年人进行设计时其方法和规则也是随之变化的。

本课题研究尚处于起步阶段，理论研究与实际设计方面尚未做到完美的结合。在此结合本研究已获得的设计方法及经验，提出后续研究值得深入探索的两个方向：

1. 要更加深入地对城市低龄空巢老年人情感所需进行较为系统的设计研究。由于城市格局和生活形态的不断变化，所以要考虑今天的中年人和年轻人就是未来的老年人，他们同样具有生理机能退化的特点。但是，未来的老年人已具有“智能生活”的技术基础和生活习惯。因此对老年人情感需求的服务设计需要考虑时代的延续性，应该在满足现有低龄空巢老年人需求的基础上对未来的下一代低龄空巢老年人的特点与需求进行思考和研究。

2. 服务系统的效果评价：因本课题主要探讨了城市社区以何种方式向低龄空巢老年人提供可以满足其情感需要的服务，因而对服务系统的效果评价并没有做过多涉及。如何去量化这个看不见摸不到的情感则是本研究接下来继续进行探讨的另一个重点。本研究旨在定性地提出以系统化的社区服务来探讨低龄空巢老年人情感需求满足的这种可能性，并进行了初步的设计探索，后续研究也会把探索重点放在定量的效果评价上，进而为社区日后给老年人情感需求服务的设计研究提供更加坚实可靠的依据。

参 考 文 献

[1] 邬沧萍. 社会老年学[M]. 北京: 中国人民大学出版社, 1999.

[2] 时蓉华. 社会心理学[M]. 上海: 上海人民出版社, 1986.

[3] 齐铱. 中国内地和香港地区老年人生活状况和生活质量研究[M]. 北京: 北京大学出版社, 1998.

[4] 克里斯廷·格罗鲁斯. 服务管理与营销: 服务竞争中的顾客管理(第三版)[M]. 北京: 电子工业出版社, 2008.

[5] 张润彤, 朱晓敏. 服务科学概论[M].北京: 电子工业出版社, 2009.

[6] 中国人口年鉴. 中国社科院人口与劳动经济研究所[M]. 北京: 中国人口年鉴杂志社, 2010.

[7] 王德文. 社区老年人口养老照护现状与发展对策[M]. 厦门: 厦门大学出版社, 2013.

[8] 穆光宗. 人口生态重建[M], 北京: 中国科学技术出版社, 2016.

[9] 帕特南. 使民主运转起来: 现代意大利的公民传统[M]. 南昌: 江西人民出版社, 2001.

[10] 詹姆斯·P. 盖拉特. 非营利组织管理[M]. 北京: 中国人民大学出版社, 2013.

［11］ JOHNSON N. The Welfare State in Transition：The Theory and Practice of Welfare Pluralism［M］. Amherst：University Massachusetts Press, 1987.

［12］ 邬沧萍. 长寿时代的空巢家庭企盼亲情住宅［J］. 住宅科技, 2004（2）：44–45.

［13］ 谭琳. "新" 空巢家庭——一个值得关注的社会人口现象［J］. 人口研究, 2002（04）：36.

［14］ 陈勃. 人口老龄化背景下城市老年人的社会适应问题研究［J］. 社会科学, 2008（6）：93.

［15］ 穆光宗. 家庭空巢化过程中的养老问题［J］. 南方人口, 2002（1）：35.

［16］ 穆光宗. 老龄人口的精神赡养问题［J］. 中国人民大学学报, 2004（4）.

［17］ 周绍斌. 老年人的精神需求及其社会政策意义［J］. 市场与人口分析, 2005（6）.

［18］ 封婷, 陈茗, 2008, 厦门市城区低龄空巢老年人生活质量综合评析［J］, 南方人口, 23（2）：37–43.

［19］ 李安彬. 空巢家庭老年人的心理问题与社会支持［J］. 海南师范大学学报: 社会科学版, 2007（6）：160–163.

［20］ 王培培. 邯郸市低龄空巢老年人心理现状及对策［J］. 中国老年学, 2016（1）：178–180.

［21］ 赵芳, 许芸. 城市低龄空巢老年人生活状况和社会支持体系分析［J］. 南京师范大学学报: 社会科学版, 2003（3）：61–67.

［22］ 江海霞, 陈雷. 养老保障需求视角下的城市低龄空巢老年人

居家养老服务模式［J］. 前沿，2010（3）：155–159.
［23］ 田奇恒，孟传慧. 城镇低龄空巢老年人社区居家养老服务需求探析——以重庆市某新区为例［J］. 人口与社会，2012（1）：30–33.
［24］ 严妮. 城镇化进程中低龄空巢老年人养老模式的选择：城市社区医养结合［J］. 华中农业大学学报：社会科学版，2015（4）：22–28.
［25］ 陈建兰. 城市低龄空巢老年人生活状况的调查与分析［J］. 社会科学辑刊，2009（4）：41–45.
［26］ 周成超，楚洁，徐凌中，等. 农村低龄空巢老年人健康自评状况及影响因素分析［J］. 中国公共卫生，2009，25（5）：559–561.
［27］ 刘鹤妍. 天津市空巢与非低龄空巢老年人心理健康状况比较［J］. 中国老年学，2009，29（14）：1792–1794.
［28］ 武秀杰，武江华，陈金慧. 宁波市农村空巢家庭老年人生活状况调查分析［J］. 西北人口，2009，30（2）：58–61.
［29］ 薛彦芳. 基于低龄空巢老年人情感需求的社区老年人服务设施设计研究，北京理工大学，学位论文，2015：12.
［30］ 胡仁禄. 老龄化城市居住环境初探［J］. 建筑学报，1994（10）：39–41.
［31］ 民政部全国老龄办养老服务体系建设领导小组办公室. 国外及港澳台地区养老服务情况汇编［Z］. 北京：中国社会出版社.
［32］ 武汉市国民经济和社会发展第十三个五年规划纲要［EB/OL］. 中国武汉网. http：//www. wuhan. gov. cn/hbgovinfo/szfxxgkml/ghjh/ gmjjhshfzgh/201604/t20160419_72222. html.

[33] 武汉市养老事业发展“十三五”规划(征求意见稿)[EB/OL]. 武汉市民政局网. http://www.whmzj.gov.cn/News_View.aspx?id=20032.

[34] 国家发改委办公厅. 关于做好制定“互联网+”行动计划有关工作的通知[EB/OL]. http://jushihuichina.com/a/xinwenjujiao/xingyezixum/2015/0331/258.html.

[35] 李敏. 完善江西省政府与民间非营利组织契约养老模式研究[D]. 江西财经大学学位论文, 2012.

[36] 支川琦. 基层政府与社会组织关系的现状分析及发展模式研究[D]. 华东政法大学学位论文, 2013.

[37] 李淑然. 退休老年人的适应问题[J]. 实用老年医学, 1991(1): 4.

[38] 张艳国. 论精神需求[J]. 天津社会科学, 2000(5): 36.

[39] 仲彬. 发展社会主义市场经济与提高人的精神需求质量[J]. 南京政治学院学报, 1999(2): 61.

[40] 明艳. 老年人精神需求“差序格局”[J]. 南方人口, 2000(2): 57.

[41] 邵南. 浅谈当代老年人的精神需求与精神赡养[J]. 南平师专学报, 2006(1): 136.

[42] 郑秉文. 第三支柱商业养老保险顶层设计: 税收的作用及其深远意义[J]. 西北人口, 2016(1): 2-11.

[43] 汪然. 人口老龄化背景下的养老金危机——基于四维的视角,[J]. 中国人民大学学报, 2016(2): 75-81.

[44] 全国老龄工作委员会办公室. 中国人口老龄化发展趋势预测研究报告. 2006.

[45] 国家发展改革委员会. 人口和社会发展报告2016——人口变

动与公共服务.2017.

[46] 国家应对人口老龄化战略研究课题组,李军,等.人口老龄化与经济可持续发展研究[M].北京:华龄出版社,2014:419.

[47] 董克用,张栋.高峰还是高原?——中国人口老龄化形态及其对养老金体系影响的再思考[J].人口与经济,2017(4).

[48] 陈柏峰.代际关系变动与老年人自杀——对湖北京山农村的实证研究[J].社会学研究,2009(4).

[49] 钱宁.中国社区居家养老的政策分析[J].学海,2015(1):94-100.

[50] 王培培,王雪丹,孙健,等.邯郸市低龄空巢老年人心理现状及对策[J],中国老年学,2016(1):178-180.

[51] 方姜红.红光社区养老服务问题与对策研究[J].知识经济,2012,(17).

[52] 黄晨熹.超高龄社区养老服务体系的建设问题与对策研究——以上海市普陀区甘泉街道为例[J].上海城市管理,2014,(3).

[53] 中国新闻网.我国养老行业面临人才短板,最缺一线护理员,http://www.chinanews.com/jk/2014/12-15/6875330.shtml,2014.

[54] 全国老龄工作委员会办公室网.外媒:低龄空巢老年人过亿,中国陷入“未富先老”困境,http://www.cncaprc.gov.cn/contents/34/73702.html,2015.

[55] 王树.基于服务设计理念构建家居再生设计平台[D].上海:上海交通大学,2014.

[56] 吴琼. 信息时代的设计伦理[J]. 装饰, 2012(10): 32–36.
[57] 秦臻. 通过接触点设计提升服务体验[J]. 包装与设计, 2014(3): 103–105.
[58] 张奇林, 赵青. 我国社区居家养老模式发展探析[J]. 东北大学学报(社会科学版), 2011(05): 416–420, 425.
[59] 陈赛权. 中国养老模式研究综述[J]. 人口学刊, 2000(03): 30–36, 51.
[60] 俞贺楠, 王敏, 李振. 我国社区居家养老模式的出路研究[J]. 河南社会科学, 2011(01): 202–205, 219.
[61] 阎青春. 四种居家养老服务模式的"利"与"弊"[J]. 社会福利, 2009(03): 19–20.
[62] 夏磊. 多元化养老模式选择研究[D]. 杭州: 浙江财经学院, 2012.
[63] 陈雅丽. 社区居家养老模式的探索及思考: 以广州市为例[J]. 社科纵横, 2011(06): 51–55.
[64] 张燕华, 黄思棉. PPP 模式在城市社区居家养老中的应用研究: 以南宁市为例[J]. 经营管理者, 2015(20): 303–304.
[65] 郜凯英. PPP 模式应用于中国社区居家养老服务研究[J]. 现代管理科学, 2015(09): 82–84.
[66] 王海霞. PPP 模式应用于我国养老机构建设的研究[D]. 北京: 财政部财政科学研究所, 2014.
[67] 支川琦. 基层政府与社会组织关系的现状分析及发展模式研究[D]. 上海: 华东政法大学, 2013.
[68] 汪忠杰, 何珊珊. 社区居家养老服务模式探析: 以武汉市为

例［J］. 武汉大学学报（哲学社会科学版），2014（04）：124–128.
［69］陈娟，黄尚德. 社区居家养老模式分析：基于武汉市百步亭社区调查数据［J］. 决策与信息，2016（05）：128–133.
［70］民政部全国老龄办养老服务体系建设领导小组办公室. 国外及港澳台地区养老服务情况汇编.
［71］黄少宽. 国外城市社区居家养老服务的特点［J］. 城市问题，2013（08）：83–88.
［72］陈伟. 英国社区照顾之于我国“居家养老服务”本土化进程及服务模式的构建［J］. 南京工业大学学报（社会科学版），2012（01）：93–99.
［73］张丽雅，於钇权. 美英两国社区养老服务及启示［J］. 社会福利，2010（10）：48–49.
［74］王延中. 中国社会保障发展报告 No. 6（2014）：社会保障与社会服务［M］. 北京：社会科学文献出版社，2014：21–22.
［75］郭竞成. 居家养老模式的国际比较与借鉴［J］. 社会保障研究，2010（01）：29–39.
［76］林闽钢. 现代社会服务［M］. 济南：山东人民出版社，2014：123–124.
［77］田香兰. 养老事业与养老产业的比较研究：以日本养老事业与养老产业为例［J］. 天津大学学报（社会科学版），2010（01）：29–35.
［78］康越. 日本社区养老服务体系的做法与经验：以大阪府岸和田市为例［J］. 中央社会主义学院学报，2011（05）：108–

111.

[79] 彭华民,黄叶青. 福利多元主义:福利提供从国家到多元部门的转型[J]. 南开学报,2006(06):40-48.

[80] DAHLBERG L. Interaction between Voluntary and Statutory Social Service Provision in Sweden: A Matter of Welfare Pluralism, Substitution or Complementarity? [J]. SocialPolicy & Administration, 2005, 39(7): 740-763.

[81] 罗军舟,吴文甲,杨明. 移动互联网:终端、网络与服务[J]. 计算机学报,2011(11):2029-2051.

[82] 朱峰. 互联网安全管理研究[D]. 南昌:南昌大学,2007.

[83] 廖鸿. 国外非营利组织管理创新与启示[M]. 北京:中国言实出版社,2011:177.

[84] 王泓. 以商业模式画布为工具的商业模式设计[J]. 中外企业家,2013(19):3.